Adelheid Bürkle

... und ab geht die Post!

ISBN 978-3-7386-2595-0
Erste Auflage 4/2001
Zweite erweiterte Auflage 11/2007
Dritte erweiterte Auflage 08/2014
Herstellung und Verlag: BoD Books on Demand, Norderstedt

Hier ist sie endlich – die zweite und erweiterte Auflage des Bestsellers „... und ab geht die Post!" – der ultimative Ratgeber für alle Brieffreunde und diejenigen, die es werden wollen.

Begeistert äußern sich die Leser darüber:

„Ein Muss für jeden Brieffreund"

„Ich konnte nicht aufhören zu lesen – schade, dass das Buch schon so bald zu Ende war..."

Dem kann abgeholfen werden. Denn diese zweite Auflage ist nicht nur auf dem neuesten Stand, sondern bietet auch neue Geschichten, neue Erlebnisse, neues Lesevergnügen.

Also – worauf noch warten?? Zur Feder gegriffen – oder zur PC-Tastatur – und ab geht die Post!

Adelheid Bürkle schreibt seit ihrer Jugend und wirkt bei Lesungen und Anthologien mit.

Diese Auflage des Buches widme ich meiner Schwester Sieglinde, die am 20.11.2005 an Krebs starb und in unseren Herzen weiterlebt. „Ina", wir werden dich nie vergessen!

... und ab geht die Post!
Autorin: Adelheid Bürkle
Herstellung und Verlag: BoD Books on Demand, Norderstedt
Satz: Adelheid Bürkle
Covergestaltung: Adelheid Bürkle
Fotos: Adelheid Bürkle
© 2001/2007/2014 by Adelheid Bürkle
ISBN 978-3-7386-2595-0

Inhaltsverzeichnis

Hafen von Neuharlingersiel, Ostfriesland, Sommer 2005

Briefkontakte

Hallo Leute,
träumt ihr schon jahrelang von prallvollen Briefkästen (ohne Werbung!), von fernen Ländern, von vielen Bekannten in der ganzen Welt, von der Erweiterung eures persönlichen Horizonts?? Ich habe mir diesen Traum verwirklicht - die Lösung heißt: Briefkontakte!

Aber - woher nehmen und nicht stehlen? Die meisten Leute stellen sich äußerst fantasielos an bei der Suche nach Briefkontakten und werfen schnell die Flinte wieder ins Korn. Sind wir Deutschen denn nicht die Reiseweltmeister - wenn es aber ums Kontakte-Schließen mit Menschen anderer Nationalität geht, machen wir schnell schlapp. Die Kontakte verlaufen im Sande.

Das muss nicht sein! Hier ist der ultimative Ratgeber für Brieffreunde und alle, die es werden wollen! Er verspricht sagenhafte Brief-schlachten, überquellende Briefkästen oder E-Mails in Mengen und vielleicht sogar den Partner fürs Leben.

Aber lest doch selbst, was man mit Briefkontakten erlebt, wie man sie pflegt und wie man wirkliche Freunde im In- und Ausland gewinnt.

Also - worauf wartet ihr noch? Zur Feder gegriffen und - ab geht die Post!

Ein neues Hobby

Seid auch ihr manchmal unzufrieden? Ihr besitzt ein Auto, die neue Mietwohnung habt ihr liebevoll eingerichtet, ihr trefft euch am Wochenende mit netten Freunden im "Irish Pub" an der Ecke, oder ihr braust in die Disco, um neue Bekanntschaften zu schließen. Aber irgendwas fehlt noch in eurem Leben. Ein sinnvolles Hobby, das Freude macht und gleichzeitig den Horizont erweitert. Angeln macht euch keinen Spaß, der Computer stürzt ständig ab, und auch das neue PC-Spiel von Weihnachten ist irgendwann langweilig geworden. Wenn man nur CDs anhört, wird einem auf Dauer ziemlich langweilig. Wie wäre es mit Brief- und/ oder E-Mail-Kontakten?

Vor etlichen Jahren entdeckte ich dieses Hobby für mich. Ich wollte meine Allgemeinbildung und mein Wissen über andere Länder erweitern und meine Sprachkenntnisse pflegen. Teure Reisen oder gar Sprachaufenthalte konnte ich mir nicht leisten.

Briefkontakte in viele Länder der Welt - das war die Lösung! So begann eines der aufregendsten Abenteuer meines Lebens - das Briefschreiben. Es brachte Farbe in mein Leben und viele neue Freunde, die mir lieb und teuer geworden sind. Nebenher sammeln, tauschen und beschenken wir uns - in meiner Wohnung tummeln sich Bilder und Briefpapier aus Japan, Bildbände und Tischtücher aus Australien, Musik aus Schweden, Dänemark, China und anderen Ländern, Kalender aus den USA, ein Kleid aus Algerien, eine Tasche aus Frankreich und vieles mehr.

Ich empfehle euch, pflegt Brief- und/oder E-Mail-Kontakte! Schon mit vierzehn Jahren baute ich den Briefkontakt zu Schülerinnen aus Österreich, Neuseeland, Hong Kong und Frankreich auf, deren Adresse ich gegen einen geringen Kostenbeitrag von einer finnischen Agentur erhielt. Damit verbesserte ich meine Sprachkenntnisse - aber leider schliefen diese Briefkontakte nach einigen Jahren ein.

Nach meiner Schul- und Ausbildungszeit tauschte ich mit einigen Leuten Adressen aus, um den Kontakt nicht zu verlieren. Eine Zeitlang blieben wir in Briefkontakt, bis auf einmal Funkstille herrschte. Leute heirateten oder verloren die Lust am Schreiben - und meine Briefe blieben auf einmal unbeantwortet.

So beschloss ich, dauerhaftere Briefkontakte aufzubauen. Aber, wie sollte ich das anfangen? Ich stand genauso ratlos da wie ihr jetzt. Und so stöberte ich in Zeitungen und Zeitschriften, fragte Freunde und platzierte eine Anzeige in der Kontaktecke in einer Frauenillustrierten. Meine Mühe lohnte sich - auf einmal erschlossen sich mir zahlreiche Möglichkeiten, neue Kontakte im In- und Ausland zu schließen. Und es gab Zeiten, während derer ich mich vor Neuzuschriften kaum retten konnte!

Mit einigen Leuten, die mir damals auf diese Anzeigen antworteten, habe ich heute noch Kontakt – seit über zwanzig Jahren also...

Natürlich habe ich meine englischen und französischen Sprachkenntnisse dadurch trainiert. Auch wurde ich wesentlich selbstbewusster, reiste alleine in andere Länder und traf viele Brieffreundinnen und -freunde, die mich in ihr Land, in ihre Lebensweise und ihre Kultur einführten.

Psychologen meinen, Schreiben helfe bei der Problembewältigung. Dem kann ich nur beipflichten. Briefschreiber geben viel - Zeit, Verständnis, Vertrauen und Zuverlässigkeit. Aber Briefschreiber bekommen im Gegenzug weit mehr zurück: viele Zuhörer, viele Ratschläge, viele neue Impulse zur Problembewältigung und etliches mehr.

Leute - zögert nicht mehr, spitzt eure Bleistifte, bestückt eure Füller mit Patronen und organisiert euch einige Bogen schönes Briefpapier. Und dann beginnt, eure ersten Zeilen an einen Brieffreund oder eine Brieffreundin zu Papier zu bringen! Ein literarisches Kunstwerk, einige aufmunternde Worte oder ein einfaches "Wie geht es dir? Ich denke an dich!" Auf geht's!

Freilichtmuseum in Aurich – Juni 2005

Himmelstempel in China – März 2007

Wie beginne und pflege ich Briefkontakte

Es gibt zahlreiche Möglichkeiten, um an die Adressen schreibfreudiger Leute im In- und Ausland zu kommen. Dem Computerbegeisterten fällt spontan "E-Mail" ein - jener Kontaktaustausch per INTERNET, der immer mehr Anhänger findet. Allerdings braucht man dazu einen Computer und ein Modem oder einen ISDN- oder DSL-Anschluss - und schon kann man per "Schwarzem Brett" überall dort, wo man will, bekannt machen, dass man anderen Leuten schreiben möchte. Und das weltweit!

Was aber tut man, wenn man weder Computer noch Modem besitzt, der Nachbar an der Ecke oder die Kollegin nicht bereit ist, einen für ein Stündchen abends nach Herzenslust in die Tastatur seines/ihres Computers hämmern zu lassen oder man nicht weiß, wo das nächste „Internet-Café" zu finden ist, um E-Mail-Freunde zu finden beziehungsweise die Korrespondenz mit solchen Freunden zu pflegen?

Ja - was tut man dann? Im Geldbeutel herrscht Ebbe, also ist an die Anschaffung eines Computers nicht im Traum zu denken. Aber in ein paar Briefmarken kann man gerade noch investieren.

Nicht verzagen - auch hier gibt es Abhilfe. Bestellt einfach eine oder mehrere der im Anhang genannten Kontaktmagazine. Oder gebt selbst eine Kontaktanzeige dort auf!

Wählt ihr letztere Möglichkeit, müsst ihr nur noch auf die Zuschriften der Leute warten, die mit euch in Briefwechsel treten möchten. Bei der ersten Möglichkeit allerdings habt ihr eher die Chance, die Briefpartnerin oder den Briefpartner zu finden, die/der euch zusagt.

Wie aber schreibt man den ersten Brief an wildfremde Leute? Belesen ist nicht jeder, und das Aufsätze-Schreiben in der Schule war schon immer eine Qual. Und vor allem - wie fängt man an?? Das ist wirklich nicht so schwer. Ein einfacher Brief, in dem ihr euch kurz vorstellt, genügt: Geschlecht, Alter, Hobbys, Beruf. Dann einige Angaben zum Wohnort und warum ihr mit der betreffenden Person gerne korrespondieren wollt.

So könnte ein Beispielbrief aussehen:

"Hallo, lieber Kunibert!

Ich habe deine Adresse im Kontaktmagazin 'EPIC PINBALL' gefunden und wollte fragen, ob du nicht Lust hast, mit mir zu korrespondieren.

Ich bin 27 Jahre alt und arbeite als Schuhverkäuferin in einem Großmarkt in Obergrübelhausen im hinteren Saulgau. Meine Hobbys sind: Briefe schreiben, Musik hören, lesen, Briefmarken sammeln, reisen.

Obergrübelhausen ist eine Kleinstadt mit ca. 8.258 Einwohnern und liegt zwischen Moosgrün und Rosmarienbad im idyllischen Brenztal. Da diese Stadt gegen Ende des Zweiten Weltkrieges zu 70 % zerstört wurde, sind viele der historischen Fachwerkbauten nicht mehr vorhanden. Erwähnenswert sind die Gallery-Kirche, das "Spitalhaus", in dem ein Museum für Straßenfegerutensilien untergebracht ist, und das Rathaus.

Das ist jetzt kein umwerfender Brief, aber ich hoffe doch, du hast einen kleinen Eindruck von mir gewonnen. Wenn du Fragen hast, so stelle sie ruhig - ich werde versuchen, diese so gut wie möglich zu beantworten.

Viele Grüße
    Anneliese Grasnelke."

Solltet ihr verheiratet sein oder sogar bereits glückliche Eltern, so erwähnt dies ruhig. Schon so manche Mami konnte über ihre Briefkontakte neue Wickelmethoden erfahren oder lernen, wie man das Fläschchen richtig warm hält, damit der Säugling selbst nachts um drei zufriedenstellend bedient werden kann! Auch die Väter konnten viel dazulernen! Also - nur keine Scheu!

Hier ist ein anderer Musterbrief:
"Hallo, liebe Erwine!
deine Adresse bekam ich von meiner Brieffreundin Renate aus Wien, die mir berichtete, dass du noch Briefkontakte aus Deutschland suchst. Möchtest du nicht mit mir einen Briefwechsel starten? Ich bin 30 Jahre alt, noch Single, und arbeite als Programmierer in einer Computerfirma in München. Meine Hobbys sind Briefe schreiben, Sport, reisen, fotografieren, fernsehen und vieles andere mehr. Von München, der 'Weltstadt mit Herz' hast du sicher bereits gehört. Ich bin in Ingolstadt aufgewachsen, der Beruf jedoch zog mich 2000 nach München. Über deine Antwort bin ich gespannt.

Tschüss,
            Karl-Heinz Sterndolde."

Schreibt diesen Vorstellungsbrief nicht gerade auf zerknitterten schmutzigfarbenen Briefbögen, die ihr im Altpapierbehälter im Büro gefunden habt! Auch alte Rechnungen oder Werbezettel, auf denen hinten noch Platz ist, eignen sich nicht gerade für einen solchen Brief. Es lohnt sich, einen Besuch in das große Schreibwarengeschäft in der Innenstadt zu wagen und dort in der Briefpapierecke zu stöbern. Dort gibt es viel – Umweltschutzpapier mit orientalisch anmutendem Muster, hübsche Blumen-Motive, klassische Landschaften - oder sogar die lustige "Diddl-Maus", die in allerlei Verkleidungen und in verschiedenen Lebenssituationen auf farbigen Bögen zu sehen ist. Lasst euch Zeit und wählt dann einen oder mehrere Briefblocks aus, auf deren Papier ihr selbst gerne einen Brief erhalten würdet!
Der erste Brief ist schon fast wie eine Bewerbung um eine Stelle - aber keine Angst, es ist nicht ganz so schlimm! Schöne, bunte Sonder-/Gedenkmarken auf dem Briefumschlag sind ein weiterer Vorteil beim Ringen um die Gunst eines neuen Briefpartners! Und bitte - vergesst euren Absender nicht! Schon manch guter Briefwechsel kam nicht zustande, weil der/die Angeschriebene einfach nicht wusste, an wen er seine Antwort richten sollte! Am besten schreibt ihr eure Anschrift zweimal – einmal auf dem Briefumschlag in der Absenderecke und einmal in eurem Brief selbst - so kann nichts schief gehen!

Schon bald kann die Antwort der angeschriebenen Person in den Briefkasten flattern. Einige allerdings lassen sich viel Zeit. Oder die angeschriebene Person antwortet nie. Aber lasst euch davon nicht entmutigen - schreibt einfach weitere Personen an! Ich erhielt schon Antwortbriefe, als ich gar nicht mehr damit rechnete. Die Gründe für eine solche Verzögerung sind oft einfach: Scheidung, Umzug, Krankheit, andere persönliche Probleme. Dafür sollte man einfach Verständnis aufbringen!

Natürlich können sich im Laufe eines Briefkontaktes Treffen mit Briefpartnern ergeben. Aber bitte, pocht nicht darauf! Manche Leute lieben nur das Schreiben an sich, den Gedankenaustausch, das Gefühl, mit Leuten anderer Nationalitäten in Kontakt zu stehen. Geht es jedoch um Treffen, dann schrecken sie zurück. Andere dagegen sind ganz wild auf Treffen!

Bitte erwartet nie, dass ihr einmal in das Land eurer Briefpartnerin oder Eures Briefpartners eingeladen werdet und ihr dort sogar umsonst bei diesen Leuten wohnen dürft! Am besten ist immer noch ein Treffen auf neutralem Boden, um sich einfach mal näher kennen zu lernen oder zu beschnuppern. Dafür bieten sich Cafés, Restaurants oder Eisdielen an - oder man startet gemeinsam eine Besichtigungstour für einen Tag irgendwohin.

Zeigt euch bereit, die Persönlichkeit eures Briefpartners anzunehmen. Und seid bitte nie aufdringlich. Also, wenn jemand kein Treffen im Moment will oder keine Briefmarken tauschen möchte, dann bitte nicht wochenlang nachbohren und dem anderen auf die Nerven fallen! Man kann wirklich über (fast) alles schreiben – gerade das macht einen guten Briefkontakt aus.

Durch gegenseitiges Vertrauen lebt ein Briefkontakt, atmet er - aber seid bitte auch gute Zuhörer! Das heißt, geht auf Fragen ein, gebt euren Kommentar zu Dingen ab, die euer Briefpartner erwähnte - genauso, als säßet ihr euch im Café gegenüber und führtet eine Unterhaltung.

Schon oft in meinem Leben stürzten Probleme auf mich mit nie gekannter Wucht ein. Aber bereits ein Brief von einer Freundin oder einem Freund ließ wieder etwas Licht in mein Leben, erhellte es und machten die Probleme leichter erträglich. Sicherlich schützt Schreiben vor Seelenkrisen, wie ich schon am eigenen Leib erfahren habe.

So allerdings sollte man keine Briefe schreiben - diesen Brief erhielt ich einst aus Österreich:

"Hallo, ich bin die Emma, bin 43 Jahre alt, habe drei Kinder. Ich wohne in Franzosenkraut, einem kleinen Dorf im Burgenland. Der Arzt ist fünf Minuten von uns entfernt, zum Bäcker und zum Metzger sind es nur zwei Minuten.

Deine liebe Brieffreundin Emma."

Dieser Brief riss mich nicht gerade zu Begeisterungsstürmen hin. Warum waren Emma der Hausarzt, der Bäcker und der Metzger so wichtig, so dass sie mir nichts über das Alter ihrer drei Kinder verraten wollte? Und ihren Ehemann hatte sie überhaupt nicht erwähnt. War sie glücklich verheiratet oder sogar geschieden? Lebten die Kinder bei ihr oder bei ihm?

Aber der erste Brief ist bekanntlich der schwerste. Ist das Eis erst einmal gebrochen und man hat sich genügend beschnuppert, schreibt es sich wie von selbst - fließen oft wahre Kunstwerke aus der Feder! Vielleicht brauchte Emma erst einmal eine gewisse Anlaufphase und würde sich dann zur idealen Brieffreundin mausern? Ich beschloss, ihr eine Chance zu geben, und antwortete. In meinem ersten Brief stellte ich mich vor, erzählte von meiner Familie, meiner Arbeitsstelle, dem Ort, in dem ich lebte. Außerdem fragte ich sie alles, was mir am Herzen lag - wie alt ihre Kinder seien, was ihr Mann von Beruf sei und so weiter.

Die Antwort aus Österreich traf prompt ein:

"Danke für deinen Brief. Es ist schön in Franzosenkraut, der Arzt ist fünf Minuten entfernt. Zum Bäcker und Metzger sind es nur zwei Minuten.

Das Wetter ist schlecht hier. Wie ist es bei euch?

Viele Grüße, deine liebe Brieffreundin Emma."

Was war das für ein Brief? Ungläubig wischte ich mir die Augen und las das Ganze nochmals. Warum war Emma nicht gewillt, meine doch gewiss nicht peinlichen Fragen zu beantworten? Und warum schrieb sie nur vom Wetter und wusste sonst nichts Interessantes zu berichten?

Die "Neuigkeit" über den Bäcker, den Metzger und den Arzt kannte ich außerdem schon.

Ich bin sehr strapazierfähig und kreativ. Allerdings mangelte es mir diesmal an Fantasie. Was sollte ich auf einen solch langweiligen Brief antworten?

Während ich mir darüber mein Gehirn zermarterte und die Beantwortung des Briefes um mindestens drei Tage herausschob, erreichte mich ein entrüsteter Brief von Emma:

"Warum schreibst du nicht? Ich hoffe, es geht dir gut.
Heute lege ich ein Foto von mir bei - es wurde 1968 bei meiner Hochzeit mit Karl aufgenommen.

Schreibe bald wieder. deine liebe Brieffreundin Emma."

Okay - nun wusste ich, die Dame war verheiratet. Jedoch starrte ich ungläubig auf das mehr als 25 Jahre alte Bild. Was war das für ein Benehmen, mir eine solch steinalte Aufnahme zu schicken?
Ich bin nicht unhöflich und antwortete endlich:

"Liebe Emma!
Ich möchte den Briefwechsel beenden und sende dir anbei dein Foto zurück. Du schreibst immer dasselbe und gehst nie auf meine Fragen ein. Deshalb denke ich, wir passen als Brieffreundinnen nicht zusammen."

Dies ist wirklich ein Extrembeispiel - selten zeigen sich Briefkontakte so langweilig wie diese Frau! Es wäre schade ums Porto gewesen, diesen Briefkontakt aufrecht zu erhalten.
Übrigens haben noch mehr Leute Emma die Brieffreundschaft nach zwei bis drei Briefen gekündigt - und Emma sucht noch unbeirrt weiter nach Leuten, denen sie in jedem Brief berichten kann, wie weit es von ihrem Zuhause aus zum Arzt, zum Bäcker und zum Metzger ist.
Solche Briefe, wie Emma sie schrieb, sollte man nicht schreiben. Der Angesprochene fühlt sich auf den Arm genommen und abgespeist. Beantwortet alle Fragen, die euch gestellt werden. Solltet ihr auf eine Frage nicht antworten können oder wollen, so nimmt es euch keiner übel, wenn ihr das mitteilt.
Bitte stellt auch selbst Fragen, damit eure Briefpartner wissen, was sie antworten sollen. Und bitte fragt nicht nur, wie das Wetter ist.
Kleine Geschenke erhalten die Freundschaft. Also wundert euch nicht, wenn euch jemand ein kleines Präsent macht - ein paar Stickers aus Japan, ein hübsches Postkartenset aus Australien, eine Musikkassette aus den Vereinigten Staaten von Amerika, ein T-Shirt aus Kanada oder andere hübsche Dinge. Kleine Geschenke sind ein Zeichen von Aufmerksamkeit - es macht Riesenspaß, sich zu überlegen, welches Geschenk der entsprechenden Person gefällt. Aber bitte erwartet nicht, dass euch alle eure Briefkontakte beschenken. Schenken kommt von Herzen, Schenken macht Freude und Schenken kommt von selbst.

Nun wieder zurück zu eurem ersten Versuch, eine Brieffreundschaft aufzubauen. Ihr wart erfolgreich - eine positive Antwort liegt in eurem Briefkasten. Auf dieser schönen weiten Welt gibt es tatsächlich eine oder mehrere Leute, die mit euch Kontakt pflegen wollen. Naomi aus Japan hat euch bereits verraten, dass sie in Japan in einem Hotel arbeitet, ihre Freundin Sue arbeitslos ist und sie mit ihrer Familie auf engstem Raume zusammenlebt. Anny aus den USA hat geschrieben: "Ich arbeite als Lehrerin in einer Grundschule und habe gerade mit ihren Schülern eine Geschichte mit einem Drachen während eines Schulfestes aufgeführt." Und andere Personen wissen andere Dinge über sich selbst, ihr Land, ihre Lebensumstände. Bravo! Lasst einen Brief nie zu lange zum Beantworten liegen, da sonst vielen Briefpartnern die Lust vergeht, mit euch Kontakt zu pflegen. Also - auch wenn Englisch noch nicht so leicht aus der Feder fließt, greift beherzt zum Wörterbuch und entwerft einen Brief - ihr macht damit nicht nur einen Menschen mit einem Brief glücklich, sondern verbessert gleichzeitig eure Englischkenntnisse!

Was aber sollt ihr tun, wenn eine Brieffreundin oder ein Brieffreund doch nicht so ganz euren Erwartungen entspricht? Ihr zum Beispiel schwärmt für "Formel Eins" oder die Boygroups "Tokio Hotel" oder „US 5" oder den neuesten Gewinner von „Deutschland sucht den Superstar" – eure neue Brieffreundin aus Frankreich jedoch möchte sich lieber über Mode oder die "Pussycat Dolls" oder die Kleidung von Verona Pooth unterhalten. Außerdem ist sie nur achtzehn Jahre alt und ihr gerade 25 - ihr denkt, die Dame ist zu jung, um eine passende Brieffreundin für euch zu sein. Tja, das nennt man Pech! Nun solltet ihr fair genug sein und eine Absage verfassen. Ein netter Brieffreund und eine nette Brieffreundin beantwortet jeden Brief. Ausnahme sind unverschämte Zuschriften oder Bettelbriefe oder auch Warnlisten (dazu später mehr) - diese dürft ihr getrost zerreißen und in den Papierkorb werfen.

Ihr könnt euren neuen Freunden aus der ganzen Welt ruhig über euren Alltag berichten. Dieser interessiert mehr Leute, als ihr denkt. Habt ihr Ärger mit einer Kollegin, erwartet die beste Freundin ein Kind, habt ihr soeben eurem Freund den Laufpass gegeben, plant ihr eine Reise nach Südafrika? Das und vieles mehr kann man berichten - auch eure Meinung zu Politik, der derzeitigen Wirtschaftslage und zu anderen aktuellen Themen ist gefragt.

Meine Briefkontakte kommen aus den unterschiedlichsten Berufsgruppen. Das Alter spielt keine Rolle. Die 50-jährige Hausfrau aus Australien schreibt genauso abwechslungsreiche Briefe wie eine 24-jährige Studentin aus Spanien. Auch der 70-jährige Großvater aus den USA hat viel Interessantes zu erzählen - genauso wie der 39-jährige Angestellte aus der Schweiz.

Ich habe schon lange aufgehört, Briefkontakte nach dem Alter auszuwählen. Warum auch? Nicht das Alter ist für eine Brieffreundschaft entscheidend, sondern, wie man miteinander auskommt.

Alter Bahnhof in Peking – März 2007

Fotos

Sie sind interessant, aber für eine funktionierende Brieffreundschaft nicht unbedingt notwendig. Vielleicht bittet euch James aus Großbritannien oder Bettina aus Luxemburg um ein Foto. Erfüllt den Wunsch dieser netten Menschen - warum auch nicht? Nur die wenigsten Leute sehen aus wie Fotomodelle, und eures Aussehens braucht auch ihr euch nicht zu schämen.

Manche Briefpartner schickten mir erst nach einigen Jahren ein Foto, als ich sie schon lange in mein großes Herz geschlossen hatte. Der Charakter zählt bei einer Brieffreundschaft, nicht das Aussehen!

Wenn eine Brieffreundschaft je in die Brüche gehen sollte, begeht dann nicht den Fehler wie mein Brieffreund Wesley aus Australien.

Eines Tages kündigte ihm Maria Camargua aus Brasilien nach zwei Briefen die Freundschaft:

"Entschuldige, aber ich muss den Kontakt mit dir abbrechen. Ich habe zu viele Brieffreundinnen und -freunde und muss mich einschränken. Leider zählst du zu denjenigen, denen ich absagen muss."

Wesley zuckte zusammen. Nein, wie konnte diese Dame nur so hart sein! Hatten sie sich nicht gut miteinander vertragen? Und nun sollte alles aus sein! Dieser Brief klang so hart, und Wesley kramte umgehend alle Briefe von Maria Camargua aus seiner Ablage und warf diese mitsamt ihrem Foto in den Papierkorb.

Einige Wochen später meldete sich Maria Camargua überraschend wieder:

"Ich habe noch eine Bitte: Könntest du nicht das Foto von mir, das ich dir sandte, an mich zurücksenden? Es ist eines der seltenen Fotos, auf denen ich mir wirklich gefalle. Bei der Hochzeit meiner Freundin Christiana wurde es aufgenommen. Leider gibt es nur dieses eine Exemplar, das ich dir zukommen ließ."

Ungläubig rieb sich Wesley die Augen. Das Foto existierte nicht mehr. Natürlich war der Müll von vor vier Wochen schon längst in der hiesigen Müllverbrennungsanlage vernichtet, also machte es keinen Sinn, nach dem Foto zu suchen. Wesley wusste nicht, wie er reagieren sollte, und antwortete nicht.

Wenige Wochen später traf ein weiterer Brief von Maria Camargua ein. ihr lag sehr viel an diesem Foto - und sie blieb hartnäckig.

"Entschuldige - vielleicht kam mein letzter Brief nicht an. Aber bitte schicke mir doch mein Foto wieder - es ist eine der wenigen hervorragenden Aufnahmen von mir."

Wesley erinnerte sich noch, dass ihm das Foto nicht gefallen hatte. Gerne hätte er jedoch dem Mädchen geholfen, aber er wusste keinen Ausweg. Diese Situation war ihm selbst peinlich.

Bei Maria Camargua meldete er sich nie wieder. Jedoch geht ihm die Geschichte mit diesem Foto nicht aus dem Sinn.

Wenn euch ein Briefpartner plötzlich die Freundschaft kündigt, solltet ihr ihm sein Foto umgehend zurücksenden. So erspart ihr euch peinliche Situationen.

Beispiel für einen Briefwechsel - der Aufbau eines Briefkontaktes

Folgende Postkarte fand ich eines Tages in meinem Briefkasten:

"Hallo, ich bin Waltraud aus Kaiserslautern und fand deine Adresse in einem Kontaktmagazin.
Da ich selbst noch Briefkontakte suche, wollte ich fragen, ob du nicht Lust hättest, meine Brieffreundin zu werden. Ich bin im Juni 1963 geboren, verheiratet, meine Hobbys sind: Briefe schreiben, reisen, lesen, Briefmarken sammeln und vieles mehr.
Das war's in Kürze von mir. Vielleicht hast du Lust und antwortest, dann werde ich dir natürlich einen längeren Brief schreiben.

Viele liebe Grüße - Waltraud."

Ich antwortete Waltraud:

"Hallo, liebe Waltraud!
Herzlichen Dank für deine Postkarte! Natürlich möchte ich eine Brief-freundschaft mit dir beginnen, und ich hoffe, dass wir noch lange Brief-freundinnen sein werden.
Ich bin am ...geboren und arbeite als Industriekauffrau und fremd-sprachliche Wirtschaftskorrespondentin in der Exportabteilung einer Maschinenfabrik in Matrox Millenium. Matrox Millenium ist eine Kleinstadt mit ca. 25.000 Einwohnern, sehr idyllisch gelegen zwischen Kleinblökenhausen und Jux. Besonders sehenswert ist die historische Stadtmauer aus dem Jahre 1609, die SPEA-Support-Kirche und das Rat-haus. Ich bin Single und wohne in einer gemütlichen Zwei-Zimmer-Wohnung in der Innenstadt.
Meine Hobbys sind lesen, Musik hören, reisen, Fremdsprachen, Brief-kontakte usw.
Anbei übersende ich dir eine Postkarte von Matrox Millenium. Über eine Karte aus Kaiserslautern würde ich mich sehr freuen.
Ich freue mich auf deinen nächsten Brief!

Viele liebe Grüße   - Adelheid."

Waltrauds zweiter Brief erreichte mich wenige Tage später:

"Hallo Adelheid,

vielen Dank für deinen lieben Brief. Eigentlich hatte ich nicht damit gerechnet, dass jemand auf meine Karte schreibt - meine Freude war groß!

Leider kann ich zu Kaiserslautern nicht viel sagen. Ich bin in Berlin geboren und davon kann ich mehr erzählen. Kaiserslautern liegt bei Homburg - Pirmasens - Saarbrücken und hat circa 100.000 Einwohner.

Ich kenne Matrox Millenium und seine Umgebung. 1990 haben wir eine Tour in diese Region gemacht - super! Eine tolle Ecke von Deutschland. Ich glaube, durch Kleinblökenhausen sind wir auch gefahren.

Welche Briefmarken sammelst du? Ich sammle Briefmarken aus der ganzen Welt schon seit 20 Jahren.

Ich habe 1990 eine Lehre zur Augenoptikerin begonnen, und ich arbeite hier in Kaiserslautern in einem kleinen Fachgeschäft als Gesellin. Es ist eine sehr vielseitige Arbeit. Ich war nie gut in Grammatik, deshalb bin ich auch Handwerkerin geworden, und hier habe ich jetzt auch eine Super-Arbeitszeit.

Briefe habe ich schon immer gerne geschrieben - am längsten zwölf Jahre an Urlaubsbekanntschaften. Alle Briefkontakte kannte ich persönlich. Meine Freunde in Berlin sind leider schreibfaul, und im letzten Jahre hatte ich eine Anzeige in der Zeitschrift "Freizeit Revue". Kennst du ein Kontaktmagazin, in dem die Anzeigen kostenlos sind? Leider schreiben viele Leute nur einen bis zwei Briefe, und dann ist Schluss ... Ich verstehe das nicht. Warum schreiben sie dann erst?

Zur Zeit habe ich circa zehn regelmäßige, feste Briefkontakte, und wir wollen uns auch treffen. Eine Brieffreundin kenne ich jetzt schon - sehr nett.

Ein Jahr lang schrieb ich auch einem "Knacki", einem Gefängnisinsassen, aber er wurde sehr aufdringlich. Ich habe den Kontakt dann abgebrochen, irgendwie bekam ich Angst. Ein paar DDR-Adressen hatte ich auch, aber zur Zeit ist nur noch ein Kontakt davon übrig.

Ich habe zwei Schwestern. Isabella, 31 Jahre alt, verheiratet, und Martina, 28 Jahre alt, Tochter im Alter von eineinhalb Jahren, verheiratet. Beide leben in Berlin. Auch meine Eltern, Oma, Tanten und Onkel leben dort. Mein Mann hat einen Bruder, 42 Jahre alt, verheiratet, er wohnt in Neustadt (Weinstraße). Wir verreisen im April zusammen in die Türkei.

Ich hoffe, du bist neugierig auf mich geworden, und schreibst mir weiter.

Auf eine treue Brieffreundschaft!

Viele Grüße - Waltraud."

Meine Antwort lautete:

"Hallo Waltraud!
Wie schön, wieder von dir zu hören! Wie geht es dir?
Du klingst, als ob dir nur wenige Leute auf deine erste Karte geantwortet hätten. Wie vielen Leuten hattest du geschrieben?
Du kennst also Berlin recht gut. Ich besuchte diese Stadt mit meiner Mutter im Jahre 1983. Damals hatte ich mich bei der "Bundesversicherungsanstalt für Angestellte" beworben und musste zu einem Test nach Berlin reisen. Meine Mutter reiste mit - wir blieben vier Tage dort und sahen uns einige Sehenswürdigkeiten an, zum Beispiel Schloss Charlottenburg. Allerdings war ich seitdem nicht mehr in Berlin, getraue mich auch nicht, dorthin zu fahren, da man viel Schlimmes hört: Seit der Vereinigung soll es dort sehr gefährlich sein. Was kannst du dazu sagen?
Du hast schlechte Erfahrungen mit einem "Knacki" gemacht. Kannst du mir Näheres darüber berichten?
Du schreibst, deine Arbeit sei sehr interessant. Was genau musst du tun - selbst Brillen herstellen oder sie nur verkaufen?
Hast du Haustiere? Ich habe keine - erstens, weil ich alleine bin und tagsüber keine Zeit für ein Tier habe, zweitens bin ich Allergikerin und kann schnell allergisch gegen Tiere werden, wenn ich sie dauernd um mich habe. Das will ich nicht riskieren - man hängt ja auch an seinen Tieren, und es wäre schade, wenn ich Haustiere weggeben müsste.
So - das war's wieder aus Matrox Millenium. Ich freue mich, wieder von dir zu hören.

Viele liebe Grüße   - Adelheid."

Die Brieffreundschaft zwischen Waltraud und mir begann, in Schwung zu kommen. Wenig später erreichte mich ihre Antwort:

"Hallihallo Adelheid,
vielen Dank für deinen Brief, den ich gleich beantworten möchte.
Da du mit Schreibmaschine schreibst, kann ich ja auch mal wieder üben. Eigentlich ist das auch viel schöner, denn man kann wenigstens alles lesen, und auf eine Seite passt auch mehr drauf.
Ich habe circa 20 Leuten geschrieben, deren Adressen ich in einem Kontaktmagazin fand, aber viele haben gar nicht erst geantwortet.

Ich hätte gerne Briefkontakte aus dem Ausland, aber irgendwie komme ich da nicht ran. Zur Zeit bekomme ich allerdings sehr viel Post und habe manchmal Probleme, alle Briefe schnell zu beantworten. Nebenbei renovieren mein Mann und ich unser Gästeklo. Ich streiche und lege die Fliesen, und da ist die Freizeit knapp. Aber ich habe im Moment 15 - 20 Leute, mit denen ich einen Briefwechsel pflege.

Heute erhielt ich wieder eine Neuzuschrift aus Berlin.

Dass du Briefmarken sammelst, finde ich super. Ich habe immer wieder viele doppelt. Die deutschen Briefmarken bekomme ich alle postfrisch aus Weiden per Abonnement. Aber ich kann dir gerne einmal Briefmarken aus anderen Ländern schicken. Über doppelte Briefmarken von dir würde ich mich natürlich auch sehr freuen. Es muss aber nicht sein. Ich finde es grässlich, wie manche Leute nur schreiben, um etwas zu bekommen. Ich möchte nur nette Leute kennen lernen!! Eine junge Frau, die sehbehindert ist, schreibt fleißig, aber nur, was sie alles sammelt und wann sie endlich etwas von mir bekommt! Irgendwie denke ich, sie will mich ausnutzen ....

Ja, was soll ich zu Berlin noch sagen. Es ist viel schlimmer als alles, was man so hört. Mit einigen Ostdeutschen haben wir schlechte Erfahrungen gemacht. Wir sind wirklich vor ihnen geflüchtet. Früher war Berlin eine Großstadt mit Inselidylle, man hat von den Touristen nicht viel mitbekommen. Zum Kurfürstendamm kam ich nur alle Jubeljahre einmal.

Aber jetzt findet man keine Parkplätze mehr. Alles ist voller Menschen, voller Autos. Die Preise explodieren. Unsere Wohnung in Berlin mit fünfeinhalb Zimmern kostete einst DM 1.700,-- (das sind ca. 850 Euro) warm, eine vergleichbare Wohnung kostet laut Zeitung heutzutage DM 4.000,-- (das sind circa 2.000 Euro) kalt!! Wer soll das bezahlen? Und die Kriminalität!! Meine Eltern klagen regelmäßig über neue Einbrüche beim Nachbarn, und es ist nur eine Frage der Zeit, wann bei ihnen eingebrochen wird!!

Ich bin froh, dass wir nicht mehr in Berlin leben. Hier in Kaiserslautern ist es viel ruhiger. Und bei euch doch auch. Oh - ich komme ins Schwärmen! Matrox Millenium ist wirklich eine Puppenstube - ich mag es! Sicherlich kommen wir auch nochmals in diese Gegend!

Ja, leider habe ich mit einigen Ossis schlechte Erfahrungen gemacht. Ich habe Verwandte, die wir nach dem Fall der Mauer immer wieder besuchten. Sehr, sehr nette Leute - wirklich! Sehr herzlich und offen. Wir haben sie überschüttet und brachten immer viel mit. Aber auf Einladungen von unserer Seite reagierten sie nicht. Wir fuhren wieder zu ihnen und haben versucht, Sachen zu organisieren. Sie wollten alles haben, aber nur, wenn wir es auf dem Silbertablett bringen. Eine Großnichte schreibt uns noch ab und zu, was los ist. Ansonsten haben wir keinen Kontakt mehr.

Außerdem sind diese Leute mit der jetzigen Situation nicht zufrieden. Spruch eines Ossis:

"So, jetzt habe ich einen neuen Fernseher, einen Videorekorder, eine neue Waschmaschine und reise einmal nach Mallorca. Jetzt kann man die Mauer wieder aufbauen!" Dieser Spruch ist tatsächlich gefallen!

Zum Thema Briefkontakte: Nach dem Fall der Mauer schrieb ich auf Anzeigen in der "Freizeit-Revue". Drei Mütter mit Kindern antworteten. Mit einer Familie aus Cottbus haben wir uns auch getroffen. Es war wirklich sehr nett, aber seit unserem Umzug aus Berlin sind wir wohl nicht mehr interessant genug. Eine junge Mutter aus Dresden schreibt noch, aber sie kommt nur selten dazu. Sie ist aber wenigstens ehrlich! Ab und zu bekomme ich noch eine Karte von ihr. Vielleicht, wenn sie mehr Zeit hat, wird unser Kontakt wieder intensiver. Manche Leute wollen nach dem ersten Brief schon, dass man sie besucht. Ich bin in dieser Beziehung etwas zurückhaltender.

Ansonsten hatte ich schon viele Kontakte über Jahre hinweg - aus Großbritannien, Frankreich, Italien, aber alle lernte ich persönlich im Urlaub kennen, anschließend starteten wir einen Briefwechsel.

Meine Berliner Freunde sind leider alle schreibfaul! Wir telefonieren lieber oder besuchen uns eben. Im Sommer fahren wir für zwei Wochen hin und haben wohl kaum Zeit, alle zu treffen.

Du fragst, welche schlechten Erfahrungen ich mit dem "Knacki" machte. Er wurde etwas zu aufdringlich und schrieb dauernd:

"Wann kommst du mich endlich besuchen? Warum schreibst du nicht jeden Tag?"

Irgendwie war mir das dann doch zuviel. Dass ich einen Partner (meinen jetzigen Mann) hatte, interessierte ihn gar nicht.

Er schrieb mir, dass er wegen Mordes sitzt. Nachdem er nach Westdeutschland umquartiert wurde und ich umzog, brach ich den Kontakt ab.

Einmal hatte ich eine Kontaktanzeige aufgegeben, aber viele stellten ihre Briefe schon bald wieder ein.

Meine Arbeit gefällt mir sehr gut. Sie ist sehr vielseitig, und man kommt mit verschiedenen Menschen - ob krank oder gesund – zusammen. Ich fertige die Brillen und verkaufe sie auch.

Hier in Kaiserslautern habe ich eine Stelle bei einem kleinen Optiker gefunden, der mich eigentlich nicht braucht. Doch natürlich - zum Brillen-Herstellen. Wenn ich meine Arbeit gemacht habe, beschäftige ich mich mit anderen Sachen - malen, lesen, Kreuzworträtsel oder, wie jetzt, einen Brief an dich schreiben. Ich arbeite auch nur noch circa 30 Stunden pro Woche. Zum Optikerladen gehört auch noch ein Laden mit Besteck. Das Verkaufen in diesem Laden macht mir viel mehr Spaß - es ist nach 13 Jahren eine nette Abwechslung.

Eigentlich wollte ich Tierpflegerin im Zoo, dann pharmazeutisch-technische Assistentin oder Architektin werden. Irgendwie kam ich dann über den Beruf des Zahntechnikers auf den Optiker.

Unser Kaninchen "Lotus" ist ein "Blauer Wiener". Kennst du diese Rasse?

Wir haben auch noch zwei Goldhamster. Als Kinder hatten wir schon Hamster, Kaninchen und Meerschweinchen, Vögel und einen Hund. Ohne Haustiere kann ich mir also mein Zuhause gar nicht vorstellen.

Trotz Allergien halten sich viele Leute Haustiere. Mein Mann hat in dieser Beziehung auch Probleme, aber nicht wegen der Tiere. Meistens lösen Katzen Allergien aus - oder?

So - nun aber Schluss für heute. Sei lieb gegrüßt aus Kaiserslautern von Waltraud."

Ich antwortete:
"Liebe Waltraud!
Herzlichen Dank für deine Zeilen! Na - wie geht's, wie steht's?
Deine Schreibmaschine ist wirklich klasse - nicht solch ein alter Klapperkasten wie meine, bei dem sich andauernd die Typen verhaken ...
Nachdem es fast eine ganze Woche geregnet hat, haben wir ausnahmsweise einen trockenen Nachmittag. Stell' dir vor, in Matrox Millenium ist eine Turnhalle, in der ich jahrelang mit Schulsport gepeinigt wurde, als ich das Gymnasium besuchte, am Montag vom Blitz getroffen worden und total abgebrannt. Der Bau stammte von 1915 - hatte zwei Weltkriege ohne Schaden überlebt, und dann passiert so etwas!
Ich habe das "Mistwetter" dazu genutzt, bei mir Ordnung zu machen. Es gibt noch einiges zu tun, viele Sachen sind rausgeflogen (erstaunlich, was man im Laufe der Zeit an unnützen Dingen ansammelt!). Es ist eine Marotte von mir, die ganze Wohnung blitzblank zu putzen, bevor ich vom 3. bis 17. Juli in den Urlaub nach Finnland fahre.
Am Wochenende findet das traditionelle "Bier- und Almdudlerfest" in Matrox Millenium statt. Da gibt es in der Innenstadt Stände von diversen

Gastwirten, die dann Getränke und kleine Mahlzeiten verkaufen. Nebenher spielen Popgruppen, und die Atmosphäre ist immer sehr gut. Teilweise ist es allerdings so laut, dass ich den Lärm bis in meine Wohnung höre und nicht einmal fernsehen kann. Meine Schwestern Pauline und Agathe haben sich angekündigt - mal sehen, ob sie kommen. Das hängt natürlich vom Wetter ab.

Meine Kollegin Monika hat am Wochenende (19.06.) ein Kind bekommen und wusste die ganze Zeit über nicht, dass sie schwanger ist! Wir waren alle ganz platt, dachten, das gäbe es nur in der "Bild"-Zeitung! Der Arzt meint, dass das Kind eine außergewöhnliche Lage im Mutterleib hatte (stehende Position). Vielleicht war das der Grund dafür, dass Monika nichts merkte? Sie hatte immer einen etwas merkwürdigen Bauch, aber jeder dachte, es sei eine Art Blähbauch, weil sie so wenig aß. Das Kind drückte ihr stark auf die Organe, so dass sie abnahm. Gestern besuchten wir sie im Krankenhaus, ihre kleine Tochter Nicole ist ganz niedlich! Natürlich stellt sich bei uns im Büro die Frage: Wer übernimmt jetzt Monikas Arbeit? Hoffentlich stellt die Firma eine neue Kollegin auf Zeit ein!

Unser Kollege Norbert - auch aus der Verkaufsabteilung - hat sich beim Fußballspielen den Knöchel angebrochen und liegt auch noch im Krankenhaus. Wenn es Probleme gibt, dann knallen sie wirklich mit Wucht auf uns herein! Wir hoffen, dass Norbert bald wieder arbeiten kann. Es ist schwer, zwei Leute im Büro gleichzeitig zu ersetzen.

Interessant, was du über Berlin schreibst. Diese Stadt scheint ja die reinste Gangsterhölle geworden zu sein, in der man sich seines Lebens nicht mehr sicher ist! Schade auch, dass durch die "Wende" so viele Freundschaften und gute verwandtschaftliche Beziehungen gelitten haben bzw. in die Brüche gingen!

Ich schrieb einst einem Gefangenen in Kanada, habe aber gute Erfahrungen mit ihm gemacht. Unser Briefkontakt schlief leider irgendwann ein.

Die Rasse "Blauer Wiener" kenne ich. Als Kinder hatten wir auch Kaninchen. Doch mein Vater schlachtete sie irgendwann, und wir verzehrten sie. Allerdings habe ich von dem Kaninchenbraten wenig gegessen, da ich so an den Tieren hing, als sie noch lebten. Wie geht es eurem Kaninchen? Haltet ihr es in einem Stall im Garten, oder lasst ihr es im Haus herumspringen?

So - das war's wieder an Neuigkeiten von mir. Viele liebe Grüße - und bis bald! - Adelheid."

Pagode auf dem „Kohlenberg" in Peking – März 2007

Wie findet man E-Mail-Kontakte oder Briefkontakte übers Internet?

Wenn ihr einen Computer mit Internet-Anschluss habt, ist das kein Problem! Anstatt erst an diverse Briefkontaktmagazine zu schreiben und nachzufragen, unter welchen Bedingungen ihr dort eine Kontaktanzeige aufgeben könnt, geht es viel schneller, im Internet zu recherchieren, wie ihr Brief- und/oder E-Mail-Kontakte im In- und Ausland bekommen könnt.

Schaltet euren Computer ein und begebt euch auf die Startseite eures Providers (Internet-Anbieters). Wenn ihr den Suchbegriff „Brieffreundschaften" oder „Briefkontakte" oder „penpals" oder „penfriends" oder „contacts" in eine Suchmaschine eingebt, erscheinen viele Anbieter. Lest euch die Informationen der Anbieter durch. Wer interessant erscheint, dessen Anzeige klickt ihr doppelt an und seid dann sofort auf der Homepage/Webseite. Meistens habt ihr dann sofort die Möglichkeit, eine Internet-Anzeige zu platzieren.

Die meisten Internet-Kontakt-Anzeigen sind kostenlos. Bitte fragt vorher zu eurer Sicherheit nochmals nach, ob dies tatsächlich der Fall ist.

Dann heißt es nur noch abwarten, bis sich die eine oder der andere Briefpartner/-in aus dem In- und/oder dem Ausland meldet.

Viele Webseiten/Homepages sind in englischer Sprache verfasst. Viele Webseiten bieten diverse Links (Verbindungen) zu anderen Webseiten/Anbietern an, die man anklicken kann, wenn man Briefkontakte sucht oder wenn man selbst eine Anzeige aufgeben will.

In einer Liste auf der jeweiligen Webseite sind oftmals Leute aufgelistet, die Kontakte suchen. Weiterhin findet ihr das Alter der Leute, in welchen Sprachen und Ländern sie Kontakte suchen, Hobbys und so weiter. Oftmals findet ihr noch einen Vorstellungsbrief der Leute. So könnt ihr selbst beurteilen, ob dies eine Briefpartnerin oder ein Briefpartner für euch wäre.

Es gilt: probieren geht über studieren! Also: probiert einfach aus, übers Internet Kontakte zu finden. Viel Erfolg und viel Spaß!

Aus dem Leben des Otto G.

Jeden Tag in den 80-er- und 90-er-Jahren spaziert der rüstige Rentner Otto G. zu seinem preußisch-blauen Briefkasten und holt zwischen 20 und 30 Briefe heraus. Er wohnt in einem kleinen Dorf - nennen wir es doch der Einfachheit halber "Lahmdoof", weil dort Rückschritt pur angesagt ist.

Mit dieser Brieflast schleppt er sich in seine kleine Zwei-Zimmer-Wohnung, die er mit seiner Frau teilt.

"Fast wie ein Geschäftsmann", grinst er. "Das ist wie ein kleines Unternehmen."

Nur, dass sein "Geschäft" für ihn Hobby und wohl ebenso Lebensinhalt zugleich ist: Otto G. vermittelt internationale Brieffreundschaften und Tauschpartner. Und dies bereits schon seit 20 Jahren.

"Dabei ist mir noch nie langweilig geworden", erklärt der gelernte Elektrotechniker. Im Gegenteil. Obwohl er seit zehn Jahren im Ruhestand ist, bleibt ihm kaum Zeit, seine eigene Korrespondenz mit passionierten Briefschreibern in aller Welt zu pflegen. Was ihn bis zu täglich acht Stunden beschäftigt, ist viel mehr die Vermittlung von Briefkontakten, insbesondere unter jungen Leuten, die er geradezu liebevoll als "meine lieben Freunde im Ausland" bezeichnet.

Was sagt die Ehefrau zu Herrn G.'s zeitaufwendigem Hobby?

"Ich lasse ihm dieses Freizeitvergnügen", lächelt sie verständnisvoll. "So ist er den ganzen Tag beschäftigt."

Es gibt viele Kontaktzeitschriften in der ganzen Welt. Die besten halten sich jahrelang, andere verschwinden, neue werden ins Leben gerufen. Herr G. hat "den Bogen raus", wie er seine Zeitschrift über Wasser halten kann. Dabei macht er keinen Gewinn - er muss froh sein, wenn er durch den Verkauf des Heftchens und die Anzeigen die reinen Unkosten deckt.

Vor allem aus den Ländern der Dritten Welt ist die Nachfrage besonders groß, während hierzulande Briefschreiben zu einer Mangelkrankheit geworden ist. Herr G. sagt bewusst "Krankheit", denn für ihn sind Briefe mehr als nur ein paar freundliche Zeilen.

"Das ist eine kleine Völkerverständigung. Wenn die Leute einander schreiben, kommen sie doch nicht auf den Gedanken, Krieg zu führen!"

Aber wie kam Herr G. zum Briefschreiben?

"Aus einer verzweifelten Lage heraus", erzählt er. "Das Dilemma begann, als die Busverbindung in die 13 Kilometer entfernte Kreisstadt von einem auf den anderen Tag drastisch eingeschränkt wurde. Plötzlich saßen wir hier auf dem Dorf fest - wir wurden über Nacht isoliert, von unserer Umwelt abgenabelt wie ein Kind von seiner Mutter. Seitdem leben wir wie Robinson auf einer einsamen Insel. Ohne Auto ist man hier verloren!"

Den Führerschein hat Herr G. schon vor Jahren wegen gesundheitlicher Probleme abgegeben.

"Sonst gefährde ich nur mich und andere", erklärt er. "Ich bin leider nicht mehr so reaktionsfähig im Straßenverkehr wie früher."

Sein Gesicht verdüstert sich, wenn er daran zurückdenkt, wie sein geliebtes Dorf so mir nichts, dir nichts von der Außenwelt abgeschnitten wurde:

"Am Anfang war es sehr, sehr schlimm. Für einen Besuch in der Stadt musste man plötzlich einen ganzen Tag einplanen, weil so selten ein Bus fährt. Das ist schon eine halbe Weltreise! Und hier auf dem Dorf drohte ich plötzlich, an Platzangst einzugehen wie eine Primel, die man nicht gegossen hat. Sonntags fährt überhaupt kein Bus. So kam ich zum Briefschreiben, um mich abzulenken."

Die schlechte Busverbindung beeinträchtigt ihn nicht, sein Hobby auszuüben. Denn zum Glück erreichen die Briefe aus aller Welt auch noch diesen verlassenen Winkel Deutschlands. Wenig später begann er dann, sein Kontaktmagazin herauszugeben.

"Wenn wir hier schon lebendig begraben sind, so möchten wir beweisen, dass es uns noch gibt. Mit unserer Kontaktzeitschrift bringen wir einen Hoffnungsschimmer in das Leben von Leuten, die genauso von der Außenwelt abgeschnitten leben wie wir."

Die Vermittlung von Briefkontakten hat unterdessen ein kaum zu bewältigendes Ausmaß angenommen. Aus der Weitergabe einzelner Adressen Schreibfreudiger ist längst eine Art internationaler Börse geworden, die sich über ihn und seine kleine Zeitschrift mit Inseraten von Briefpartnersuchenden abwickelt.

Herr G. kann inzwischen nur noch Adressen vermitteln, wenn den Anfragen eine kleine "Entschädigung" in Form von Briefmarken oder internationalen Antwortscheinen (IRCs) beigelegt ist. Damit kann er aber längst nicht alle Kosten decken:

"Porto- und Druckkosten verschlingen viel Geld", gibt er ehrlich zu. "Viele Leute wollen für das Kontaktmagazin nichts bezahlen. Manche denken, sie können die Anzeige und die Zeitschrift umsonst bekommen. Aber das geht nicht!"

Stets bleibt ihm eine finanzielle Belastung, da durch die freiwilligen Beiträge längst nicht alle Kosten gedeckt werden. Aber daran will er auf keinen Fall etwas ändern.

Unterdessen hat Otto G. sein Kontaktmagazin aufgegeben – aus Altersgründen. Seine Frau ist Anfang 2004 gestorben. Wie es ihm geht und ob er noch lebt, weiß ich nicht. Ich habe den Kontakt zu ihm verloren.

Warnlisten

Die „Warnlisten-Mafia" ist wieder unter uns! Es handelt sich um Leute, die Streitigkeiten mit anderen Leuten nicht aus der Welt schaffen können und nun Lügen über diese Leute in Warnlisten verbreiten. Warnlisten sind anonym, man erhält sie in Briefen, die Leute, die Warnlisten erstellen, unterschreiben sie nicht mit ihrem Namen. Man warnt dort vor Leuten/Briefkontakten, die sich angeblich etwas haben zuschulden kommen lassen. Das Ziel von Leuten, die Warnlisten verbreiten, ist, dass die Leute, die auf diesen Listen genannt sind, keine Briefe mehr erhalten.

Aber: Das Starten und das Verbreiten von Warnlisten ist unerlaubt nach § 824 BGB (Bürgerliches Gesetzbuch)! Dort heißt es:

„Wer der Wahrheit zuwider eine Tatsache behauptet oder verbreitet, die geeignet ist, den Kredit (Glaubwürdigkeit, Ruf) eines anderen zu gefährden oder sonstige Nachteile für dessen Erwerb oder Fortkommen herbeizuführen, hat dem anderen den daraus entstehenden Schaden auch dann zu ersetzen, wenn er die Unwahrheit zwar nicht kennt, aber kennen muss."

Wissen die Leute, die Warnlisten verbreiten, ob das wahr ist, was darin steht?

Warum schreiben die Urheber der Warnlisten nicht ihre Namen drunter? Warum schreiben die Leute, die Warnlisten verbreiten, nicht auch drunter, dass sie diese Listen toll finden und signieren das Ganze mit ihren Namen?

Antwort: weil diese Leute feige sind und weil sie selbst nicht wissen, ob das, was auf diesen Listen steht, stimmt oder nicht!

Daraus folgt: „Was tue ich mit einer Warnliste, die ich von einer Brieffreundin/einem Brieffreund bekommen habe?" Antwort: Solche Warnlisten darfst du getrost in den Papierkorb werfen – oder noch besser: im Reißwolf vernichten. Es handelt sich hierbei um Verleumdung von anderen Menschen. Und das ist eine strafbare Handlung – und kann jedem, der sich daran beteiligt (also Warnlisten weiterleitet und kopiert und dann weiterleitet), eine Anzeige und viel Ärger bereiten! Wollt ihr das??

Dumme Leute, die leider eine Streitigkeit mit ihren Freunden nicht selbst bereinigen konnten, schreiben das in eine Liste, setzen noch andere Namen dazu, die sie irgendwo gehört haben. Und so werden Menschen verunglimpft – eine Schande ist das! Leider sind immer noch uralte Warnlisten unterwegs und werden verbreitet. Hört bitte endlich auf damit!

Shanghai – Blick auf den Hafen - März 2007

Briefkontakte "life" erleben

Ab und zu ergibt sich die Gelegenheit, eine Brieffreundin oder einen Brieffreund persönlich kennen zu lernen. Warum auch nicht?

Im Juni 1987 traf ich Teena aus Irland, die mit der Bahn durch Deutschland reiste. Sie war die erste meiner Brieffreundinnen, die ich "life" erlebte.

An einem Sonntagabend klingelte das Telefon.

"Willst du mich treffen?", vernahm ich Teenas Stimme am anderen Ende der Leitung. Sie war auf dem Bahnhof meiner Heimatstadt Aalen.

Natürlich wollte ich Teena sehen und radelte aufgeregt zum Bahnhof. Mein erstes Treffen mit einer Brieffreundin - wie würde es sein?

Nachdem ich einige Minuten orientierungslos auf dem Bahnhofsgelände herumgeirrt war, erspähte ich Teena im Wartesaal. Zusammen setzten wir uns in ein Café und genossen ein Eis.

"Ich bin auf einer 'Interrail-Tour'", erzählte Teena. Ihren Mut, mutterseelenalleine durch Deutschland zu reisen, bewunderte ich. Aber lachend winkte sie ab:

"Deutschland ist sicher. In Großbritannien oder Irland könnte ich eine solche Reise nicht wagen."

Unser Treffen dauerte nur wenige Stunden, aber es hatte uns beiden sehr gefallen. Seit einigen Jahren wohnt Teena sogar in Deutschland.

Inzwischen habe ich mehr als 60 weitere Briefpartnerinnen und Briefpartner persönlich kennen gelernt.

Steffi beispielsweise wohnt nicht weit von mir entfernt. Sie suchte gezielt Brieffreundinnen aus der Nähe, um diese später eventuell treffen zu können. Als Hausfrau und Mutter von zwei sehr lebhaften Kindern fühlte sie sich oft isoliert und fieberte einem Treffen entgegen. Wir verstanden uns ausgezeichnet!

Auch Ariane aus Thüringen, die mir Ostdeutschland nach der Wende näherbrachte, entpuppte sich als toller Kumpel. Wir wanderten keuchend zum "Kyffhäuser-Denkmal" und bestaunten die Besonderheiten der Gegend im Heimatmuseum.

Leider garantiert eine langjähriger, sehr guter Briefkontakt noch kein problemloses Treffen.

Diese Lektion lernte ich bei Ute in Wien. Nach sieben Jahren sehr ausgiebigem und positivem Briefwechsel fanden wir beide in unseren prallvollen Terminkalendern endlich einen Zeitpunkt für ein Treffen. Als - nach österreichischen Begriffen - eher "kühler veranlagte" Deutsche rempelte ich mit der Wiener Herzlichkeit jedoch erst einmal hart aneinander. Das führte zu einigen unangenehmen Diskussionen zwischen Ute und mir. In unseren Briefen hatten wir uns so gut wie möglich kennen gelernt. Das Treffen allerdings bot in mancher Hinsicht etliche Überraschungen. Es gibt also Dinge und Wesenszüge, die man in Briefen nicht erkennen kann.

Diese anfänglichen Schwierigkeiten meisterten wir. Und zum Schluss stellten wir fest: Wir sind zwar als Menschen unterschiedlicher, als wir dachten, aber wir respektieren einander. Und wie!

Mein Vertrauen zu Ute ist noch größer geworden - und ich habe eine wirkliche Freundin gewonnen, mit der ich durch dick und dünn gehen kann.

Meine Aufregung vor Begegnungen mit Briefkontakten legte sich schnell. Ich möchte auch euch ermutigen: nur keine Hemmungen - es sind alles nur Menschen! Und sie sind genauso aufgeregt wie ihr!

"Paul Mc Cartney" aus dem Rheinland

Paul Spargel aus Ludwigshafen im Rheinland erwies sich als ein sehr interessanter Charakter. Er schrieb mir 1986 auf meine Kontaktanzeige in einer deutschen Frauenzeitschrift:
"Hallo - ich weiß nicht, ob du nur Frauen schreibst. Wenn ja, dann finde ich das blöd. Wenn nein, dann würde ich mich über deine Antwort freuen."
Und er konnte sich freuen. Ein spannender Briefwechsel begann – garniert mit Pauls flotten Sprüchen und seiner riesigen Handschrift. Er verbrauchte Unmengen an Papier - und ich deshalb einige D-Mark an Nachporto, weil natürlich diese dicken Briefe nur mit Normalporto frankiert waren. Damals war ich noch zu schüchtern, Nachporto von meinen Freunden zurückzufordern.
Zwei Jahre aufregender Brieffreundschaft zogen vorbei. Paul schrieb von seiner kaufmännischen Lehre und seinem Privatleben. Ich steckte damals ebenfalls noch in der Ausbildung zur Industriekauffrau und freute mich über diesen Mitstreiter im Rheinland.
Paul ging durch Höhen und Tiefen in seinem Leben so wie jedermann. Er pflegte einige Beziehungen zu Frauen, die leider alle in die Brüche gingen. Während einer dieser persönlichen Krisen erwähnte er eines Tages, es wäre nett, sich zu treffen. Aber wie sollten wir das in Angriff nehmen? Es war nicht möglich, Paul bei uns zu Hause übernachten zu lassen, denn ich wohnte noch in Aalen bei meinen Eltern. Und wir hatten gerade Besuch.
Das schrieb ich Paul - aber er blieb hartnäckig. Und am Freitagabend vor Pfingsten 1988 klingelte das Telefon:
"Hallo - ich bin's - Paul! Ich stehe in Ebnat an der Autobahn A 7, kurz vor Aalen. Wo können wir uns morgen treffen?"
Ich war komplett unvorbereitet und dementsprechend baff. Wenn Paul etwas wollte, so bekam er es auch! Kurzentschlossen hatte er getestet, ob es möglich sei, per Anhalter von Ludwigshafen nach Aalen zu gelan-gen. Und es war ihm geglückt!
Ich raffte meinen ganzen Mut, meine Fantasie und Schlagfertigkeit zusammen und versuchte, das Allerbeste aus diesem nicht angekündigten Treffen zu machen. War ich nicht flexibel und leistungsstark und bewahre einen kühlen Kopf selbst in außergewöhnlichen Situationen? Hier konnte ich testen, was in mir steckte. Also traf ich Paul am darauffolgenden Samstagvormittag. Paul streckte mir eine Packung Kaugummi entgegen - ein nicht ganz gängiges Präsent.

In einem Straßencafé schlemmten wir ein Eis und unterhielten uns angeregt.

Ehrlich - ich mochte ihn und seine unkomplizierte Art. Es war so, als ob ich ihn schon länger kannte und nicht erst an diesem Tag zum ersten Mal traf. Als es dann Mittagspause wurde, schleppte ich ihn kurzerhand nach Hause ab zu meinen Eltern. Auch sie erwiesen sich als flexibel und nahmen Paul an unserem Mittagstisch problemlos auf. Beinahe schien es, als hätte meine Familie mit Pauls Teilnahme am Essen gerechnet.

Mit seinem Charme verstand er es, meine Familie um den Finger zu wickeln.

"Ein perfektes Treffen!", dachte ich. Wie sollte ich mich täuschen!

Zu Fuß lernte Paul einige Sehenswürdigkeiten meiner Heimatstadt Aalen kennen. Zum Beispiel die "Limes-Thermen", Heilquellen, die vor einigen Jahren entdeckt wurden. In einem, im römischen Stil erbauten, Gebäude ist ein Schwimm- und Heilbad untergebracht. Und vom Parkplatz davor kann man eine einmalige Aussicht auf Aalen genießen. Britta, meine Cousine, und ich wanderten mit Paul dorthin, denn ich besaß damals noch kein Auto.

Auch zum Abendessen wurde Paul von meinen Eltern eingeladen. Nur übernachten konnte er nicht - er war in der Jugendherberge untergekommen, was ihn aber offensichtlich nicht zu stören schien.

Am Pfingstsonntag brachte Paul schließlich seine Gitarre mit und bewies sein starkes musikalisches Talent. Er klimperte alles - von Hardrock über Westernhagen bis hin zur Volksmusik. Meine Familie war von dem Mann aus Ludwigshafen mit dem "Paul-Mc-Cartney"-Pilzkopf äußerst hingerissen.

Am Abend musste Paul rechtzeitig in die Jugendherberge zurückkehren, da er am Pfingstmontag in der Frühe zurück nach Ludwigshafen trampen wollte.

Das Leben ging weiter. Wochenlang hörte ich nichts von Paul Spargel, und ich fragte mich, wo er steckte. Bis eines Tages ein Familienrat einberufen wurde und mir meine Cousine Britta einen Brief von Paul überreichte, der an sie adressiert war:

"Hallo Britta! Es war super, dich zu treffen! Und stell' dir vor, was mir passiert ist: Ich habe mich in dich verliebt!

Ansonsten konnte man meinen Aalen-Trip glatt vergessen, aber du gehst mir nicht aus dem Sinn.

Sag' mal, fühlst du nicht das Gleiche für mich? Hättest du nicht Lust, mit mir einen Briefwechsel zu beginnen?"

Britta war hin- und hergerissen. Einerseits übte Paul eine noch nie gekannte Faszination auf sie aus, andererseits fand sie gemein, was er sonst noch geschrieben hatte. Der Aalen-Trip - ein Reinfall! Und dabei hatten wir uns sehr bemüht! Gut, wir besaßen kein Auto, um Paul in der Gegend herumzukutschieren. Aber hatten wir nicht unser Bestes getan, unser Möglichstes versucht, um ihm den Aufenthalt so angenehm wie möglich zu machen?

Ich war frustriert - was hatte ich falsch gemacht? Hatte Paul einen roten Teppich erwartet, den wir vor ihm hätten ausrollen sollen? Hätte ich eine Blaskapelle anheuern sollen - zur Begrüßung? Oder hatte er ein Zimmer in einem First-Class-Hotel erwartet – auf unsere Kosten? Paul war der dritte Briefpartner, den ich bis dahin getroffen hatte. Nach dieser missglückten Begegnung stand mir nicht mehr der Sinn, weitere Briefkontakte persönlich kennen zu lernen. Vielleicht waren manche Schreibfreudige nur aus der Distanz zu ertragen?

Wenig später erreichte mich ein Brief von Paul:

"Das Treffen mit dir war sehr bescheiden. Ich bin dafür, unsere Brieffreundschaft zu beenden. Und die Britta liebe ich immer noch, auch wenn sie mir nicht schreiben will."

Mein Widerspruchsgeist regte sich, wurde jäh aufgescheucht - so antwortete ich ihm, um mich zu rechtfertigen. Warum schrieb er solche schlechten Dinge - was hatte er von uns erwartet? Pauls Antwortbrief darauf war so bitterböse, dass ich anschließend alle Briefe von ihm verbrannte und ihm seine Fotos ohne Kommentar zurücksandte. Ich hatte genug von ihm und so viel Falschheit. Ich fühlte mich hereingelegt, betrogen, ausgebootet. Hinzu kam allerdings, dass ich innerlich verletzt war und die Schuld für diese Panne vorwiegend bei mir suchte.

Im Herbst 1988, als ich aus beruflichen Gründen umgezogen war, erreichte mich ein nachgesandter Brief Pauls:

"Entschuldige bitte alle schlechten Bemerkungen, die ich über unser Treffen gemacht habe. Ich steckte damals in einer persönlichen Krise und habe wohl zu viel erwartet. Du und deine Familie - ihr wart in Ordnung. Ich wünsche euch weiterhin alles Gute."

Immerhin war es ein guter Zug von ihm, sich nochmals auf diese Art und Weise zu melden. Ich habe ihm nie wieder geschrieben. Eine angeknackste Brieffreundschaft sollte man nicht wiederbeleben.

Auch Britta hat Pauls Angebot zu einem Briefwechsel nie angenommen.

Kloster in den Karpaten, Rumänien, Mai 1992

Im Gedenken an Roland Burggraf

Er war kein Mensch der leisen Töne. Aber das rührte wohl von seiner Geselligkeit her. Er liebte es, sich bei einem Glas Bier mit anderen zu unterhalten.

Ich lernte ihn 1993 durch ein „FB" kennen, und ich antwortete auf seinen Brief, weil er nicht weit entfernt von mir in Nürnberg wohnte.

1994 trafen wir uns zum ersten Mal. Ich war gerade unglücklich in einen Australier verliebt, und Roland hatte mich zu einem Wochenende nach Nürnberg eingeladen. Zuerst hatte ich Bedenken – ich merkte aber bald, dass ich ihm vertrauen konnte.

Wir beide waren offen für eine Partnerschaft, aber wir wussten auch beide, dass wir nicht zusammengehörten. Und so trafen wir uns öfters als gute Kameraden. Wir feierten beispielsweise drei Silvester miteinander – zusammen mit einigen Freunden.

Roland war zeitweise „chaotisch", auf der anderen Seite konnte er auch Ordnung halten. Als Single war er viel unterwegs, brachte sich in die neue Nürnberger Stadtpartei „Die Guten" ein, half den „Altstadtfreunden", heruntergekommene, denkmalgeschützte Häuser in Nürnberg wieder zum Blickfang zu machen. Außerdem war er noch Mitglied eines Karnevalsvereins, lernte Spanisch und vieles mehr.

Seine Freunde kannten ihn als netten Menschen mit dem lauten Lachen. Ein Mensch, mit dem man einen gemütlichen Abend an Silvester oder bei Gesellschaftsspielen verbringen konnte.

Aber Roland konnte auch durchaus leise Töne anschlagen, durchaus Verständnis zeigen. Das merkte ich beispielsweise, als meine Beziehung zu dem Australier in die Brüche ging. Roland war nicht der Typ, der lauthals darüber triumphierte. Roland war nicht der Typ, der über andere lästerte und Informationen ungefragt an andere weitertratschte, um sich bei diesen anderen wichtig zu machen. Und ich denke, deswegen war ich lange mit ihm befreundet – denn ich merkte, dass dieser Mann durchaus Charakter besaß.

Wir kannten uns so gut, wie sich Briefkontakte kennen konnten. Ich traf ihn insgesamt sechs Male, und ich freute mich für ihn, als er mit Inge die Frau seines Lebens kennen lernte. Die beiden passten gut zusammen, und Anfang des Jahres 1998 zog Inge nach Nürnberg.

Im September 1999 wurde bei Roland Leukämie festgestellt. Nun begann ein Leidensweg durch Krankenhäuser, Chemotherapien, Reha-Kliniken – und schließlich erhielt er eine Knochenmarksspende. Seinen Optimismus verlor er nie – auch wenn die Beziehung zu Inge durch seine Krankheit zerbrach.

Seinen letzten Brief an mich schrieb er am 5. September 2000. Er hoffte, bald wenigstens vier Stunden pro Tag wieder im Büro arbeiten zu können, und beantragte einen Schwerbehindertenausweis. Noch immer fühlte er sich schwach, aber er war sicher, wieder vollkommen gesund zu werden.

Am 9. November erhielt ich die schockierende Nachricht von Inge: Roland starb am 5. November 2000. Sie hat ihn gepflegt bis zum Tod, sie hat ihn in seinen letzten Stunden begleitet. Sie hat getan, was sie tun konnte.

Es dauerte lange, bis ich *begriffen* hatte, dass Roland tot ist.

Chinesische Mauer – März 2007

Leider verpasst!

Wolltet ihr nicht auch schon jemanden unbedingt treffen? Ihr habt alle Hebel in Bewegung gesetzt, geschrieben, herumtelefoniert, organisiert und vieles mehr - aber es klappte nicht.

Das passierte auch mir mehrere Male. Meistens, wenn ich ein Land bereise, in dem ich Briefkontakte pflege, kündige ich dies den Leuten an - zum Beispiel Pia aus Finnland:

"Hallo Pia! Von 02.07. bis 16.04.1993 werde ich die Insel Vehkasalo in Südfinnland mit einer Reisegruppe besuchen. Hast du nicht Lust, mich zu treffen?"

Finnland ist groß, die öffentlichen Verkehrsverbindungen sind nicht gerade die allerbesten, weil es viele kleine Dörfer gibt, die weit verstreut liegen. Aber Pia versuchte alles Menschenmögliche und antwortete mir:

"Natürlich würde ich dich gerne persönlich kennen lernen. Ich werde meine Bekannte Lillith in Lappeenranta (diese Stadt liegt in der Nähe von Vehkasalo) fragen, ob sie in den ersten beiden Juliwochen Zeit hat. Vielleicht könnte ich sie besuchen und dich bei dieser Gelegenheit treffen."

Pia versuchte alles, was in ihrer Macht stand, um mich zu treffen. Jedoch klappte es nicht, da Pia zum vorgesehenen Termin keinen Urlaub bekam und Lillith sowieso auf Reisen war.

Wie schade! Aber vielleicht würde sich eines Tages eine andere Gelegenheit ergeben.

Seitdem ich jedoch Finnland besuchte, verstehe ich Pias Leben, ihre Probleme und ihre Mentalität weit besser. Und ich kann mir die Landschaft, die sie in ihren Briefen schildert, besser vorstellen.

Immerhin empfahl mir Pia gute finnische Musik, und ich kaufte mir die CDs.

Beinahe dasselbe erlebte ich in Irland. Diese grüne Insel, eines meiner Traumziele, bereiste ich endlich im Sommer 1992. Allerdings besuchte ich nur Irlands Süden - die Reisegruppe und ich kamen nicht nach Dublin, wo meine Brieffreundin Helena wohnt. Ein Treffen wäre jedoch kaum zu realisieren gewesen, da Helena gerade in München weilte ...

Greetsiel – Juni 2005

Finnland

Finnland - man hört nicht viel von Finnland, nur, dass man auch den Euro in diesem Land als Währung verwendet, Platz eins der Pisa-Studie errungen hat und Nokia-Handys ursprünglich von dort kommen. Ich war im Sommer 1993 in Finnland – dem Land der tausend Seen und Billionen von Schnaken. Finnland, reich an Natur, reich an Wäldern und reich an Einsamkeit. Man kann abschalten in Finnland – an einem See sitzen und ein Buch lesen. Am besten eingecremt mit Insekten-schutzmittel, denn die Schnaken sind hartnäckig. Sie suchen unerbittlich nach einem Fleckchen Haut, in das sie tief ihren Stachel hineinbohren können. Sie kommen in Scharen – und kämpft man mit einem Insekt, wird ein zweites zustechen.

Aber außer den Schnaken gibt es Ruhe. Die Elche sind scheu, sie blei-ben lieber in den Wäldern. Das Wasser der Seen ist glasklar, man sieht bis auf den Grund. Man könne baden in den Seen, versichern die Finnen den Touristen. Fische gäbe es schon lange nicht mehr darin – nur ein paar Wasserpflanzen und Schlamm.

Die Seen haben zu wenig Sauerstoff, deswegen gibt es keine Fische mehr. Aber das stört uns Urlauber nicht. Es ist warm, und wir wollen vor den Schnaken flüchten. Ins Wasser wagen sie sich nicht.

Und so baden wir. Hautausschlag bekommen wir nicht. Die Seen sind klar, das Ufer sauber. Und im Vordergrund ein Steg, an dem Boote anle-gen. Ringsum Wälder, Wälder, Wälder.

Viele Touristen jedoch wollen nicht baden. Wasser ohne Fische ist ihnen nicht geheuer. Und so sitzen sie bei Sonnenschein an einem der vielen Seen und lesen ein Buch oder eine Zeitschrift – während sie von Schnaken geärgert werden. Die Touristen klatschen dann mit ihren Hän-den auf ihre Schenkel oder verwandeln ihre Zeitungen oder Bücher in Schlagwaffen und versuchen, die Plagegeister damit zu verscheuchen oder gar zu erschlagen. Ihr Anblick erinnert viele an Bayern, die den „Schuhplattler" üben.

„Wenn es doch nur regnen würde", denken diese Touristen, während sie Fenistil-Salbe später auf ihre Insektenstiche auftragen. „Dann hätten wir Ruhe vor den Biestern..."

Die Finnen haben sich an die Schnaken gewöhnt. Ihnen bleibt auch nichts anderes übrig. Im Winter verkriechen sie sich in ihren Häusern wegen der Kälte, im Sommer verkriechen sie sich in ihren Häusern we-gen der Schnaken.

„Finnland ist langweilig", sagen die einen. „Dort ist nichts los."

„Finnland ist romantisch", sagen die anderen. „So ruhig und erholsam, nur Natur und Stille." Es riecht nach grün, es riecht nach Natur.

Die Sonne geht im Sommer nicht völlig unter in Finnland. Ich stehe am See um 23 Uhr, und es ist immer noch so hell wie am Nachmittag. Die Insel, auf der ich meinen Urlaub verbringe, ist eine friedliche Oase. Unsere Ferienhäuschen sind mit Holz verkleidet und rot angestrichen. Sie leuchten, wenn die Sonne ihre Strahlen durch den Wald schickt.

Solche Oasen gibt es viele in Finnland. Dörfer inmitten der Natur. Die Städte sind anders, lebendiger – aber nicht so pulsierend wie unsere Städte.

Ein Briefträger in Finnland braucht ein Fahrrad und einen langen Atem – oder besser noch: ein Auto. Er versorgt nicht so viele Leute wie ein Briefträger in Deutschland. Das schafft er zeitlich nicht.

Die Seen sind nicht tief in Finnland. Und die Menschen sind freundlich. Sie sind nicht so gesellig und so laut wie manche Deutsche, denn alkoholische Getränke kosten zuviel. Viele Finnen reisen nach Russland, um dort Alkohol kaufen zu können.

Wenn es regnet in Finnland, hat die Romantik plötzlich ein Ende. Die Tropfen klatschen auf die Seen, füllen sie mit noch mehr Wasser und tränken die Erde. Die Farne und Gräser in den Wälder schießen in die Höhe. Sie werden nur selten geschnitten. Der Wanderer, der vom Regen überrascht wird, trägt am besten Gummistiefel.

Die meisten Menschen jedoch sitzen in Häusern. Die Touristen fühlen sich eingesperrt in Finnland bei Regen. Sie sitzen in spartanisch eingerichteten Zimmern auf harten Matratzen und lesen. Und sie hoffen, der Regen möge bald vorbei sein, damit sie wieder an einem der vielen Seen sitzen können – umgeben von Schnaken, Wäldern und Einsamkeit.

Marmorschiff im Park des Sommerpalastes in Peking – März 2007

Alter schützt vor Freundschaft nicht

William aus Großbritannien war 70 Jahre alt, als er mir zum ersten Mal auf eine Anzeige in einem Kontaktmagazin schrieb:

"Hallo, ich bin ein 29-jähriger Engländer und würde gerne mit dir einen Briefwechsel beginnen. Hast du Lust? Ich würde mich über deine Antwort freuen."

Endlich ein Briefkontakt aus Großbritannien! Ich war selig, versuchte ich doch seit einigen Jahren, dort Kontakte zu finden. Bisher allerdings ohne Erfolg.

Im zweiten Brief fand ich die Kopie eines Schwarz-Weiß-Fotos. William mit 29 Jahren. Mir gefiel das Bild.

"Du siehst auf diesem Foto aus wie Sherlock Holmes!", kommentierte ich. Er sah tatsächlich so aus!

Fast schon beleidigt äußerte er sich:

"Sherlock Holmes? Du bist ganz schön frech!"

Aus Williams drittem Brief purzelte ein Farbfoto heraus. Eine glückliche englische Familie - drei Generationen: Großeltern, Eltern und Kinder, alle gekleidet in Trachten aus dem Mittelalter. Was sollte ich damit?

Im Brief stand, was es mit diesem Foto auf sich hatte:

"Ich bin nicht 29, sondern 70 Jahre alt. Entschuldige, dass ich dich angelogen hatte. Aber ich befürchtete, dass du - hätte ich mein Alter gleich preisgegeben - nicht geantwortet hättest!"

Ich musste zugeben: das wäre allerdings möglich gewesen!

Inzwischen jedoch hatte ich mich an William gewöhnt. Seine Briefe zählten zu meinem Alltag - wie die Briefe von weit jüngeren Briefkontakten. Und ich mochte ihn. Eigentlich störte es mich nicht, dass er 70 Jahre alt war. William schaffte es, meine Vorurteile gegen ältere Brieffreundinnen und Brieffreunde abzubauen. Briefschreiben hat mit dem Alter wirklich nichts zu tun!

Übrigens ließ William alle seine Briefe an eine Ausweichadresse an einer Schule in Cambridge leiten. Außer mir schrieb er noch anderen Frauen zwischen 25 und 40 Jahren. Er befürchtete, mit seiner Familie Probleme zu bekommen, wenn er seine Privatadresse verriete.

Drei Jahre dauerte unsere Brieffreundschaft. Wir tauschten uns über Gott und die Welt aus - und nie wurde unser Briefwechsel langweilig.

Im Mai 1992 erhielt ich plötzlich einen Brief direkt von jener Schule in Cambridge:

"Es tut uns Leid, Ihnen mitteilen zu müssen, dass William F. am 15. April 1992 im Alter von 73 Jahren an Herzversagen gestorben ist."

William F. war der erste meiner Briefkontakte, die starben. Ein Schock für mich, jedoch tröstete mich die Tatsache, dass er keine Schmerzen erleiden musste. Er hatte ein schönes, erfülltes Leben und trat würdevoll von der Lebensbühne ab.

Carolinensiel – Hafen – Juni 2005

Blick vom „Ring of Kerry" aus, einer Küstenstraße in Irland - Juli 1992

"FBs"

Sie sind groß oder klein, weiß oder farbig. Und sie bestehen aus Papier. Jeder kann sie herstellen. Fast jeder, der Briefkontakte pflegt, erhält früher oder später ein oder mehrere FBs.

Aber - was sind FBs? Der Ausdruck "FB" kommt aus dem Englischen und heißt "friendship book" oder auch "Freundschaftsbuch". Warum also diesen langen Ausdruck nicht abkürzen und nur "FB" dazu sagen?

Es gab Zeiten, da erhielt ich pro Jahr circa 3.000 FBs. Im Moment sind es noch einige hundert Stück. Mehr will ich nicht erhalten. Aber ich kann in FBs Werbung machen – und ich tausche sie noch. Ein Grund also, ihnen ein ganzes Kapitel zu widmen.

Die Herstellung eines FBs ist ganz einfach. Man nehme ein Blatt Papier im Format DIN-A-4 oder DIN-A-5. Oder man heftet zwei bis drei Notizzettel aus der Zettelbox aneinander. Der Fantasie sind dabei keine Grenzen gesetzt. Manche Leute funktionieren sogar Briefumschläge, Postkarten oder Werbeprospekte zu FBs um - eine gute und umweltfreundliche Möglichkeit, Papier wiederzuverwerten.

Man macht FBs für Freunde, Bekannte oder für sich selbst. Zuerst schreibt man den Namen und die Adresse der Person an den Anfang des FBs, für die es bestimmt ist. So könnte ein FB aussehen:

FB für:
Sabine Muster   *gemacht von:* *Clara Mustermann*
Musterstraße 1   *Avenue de Muster 33*
88888 Musterstadt   *77777 Ville de Muster*
Germany   *Frankreich*

- Alter: 30, sucht noch   *- suche Tauschpartner für*
viele Kontakte in deutscher   *Briefmarken -*
Sprache aus der ganzen
Welt -

Jetzt wird das FB an den nächsten Briefpartner geschickt. Dieser trägt seinen Namen und seine Adresse ein, vermerkt, ob er noch Briefkontakte sucht oder nicht. Oder er macht sonstige Mitteilungen. Dann leitet er oder sie das FB an eine Brieffreundin oder einen Brieffreund weiter. Auf diese Weise wandert ein FB von Briefschreiber zu Briefschreiber, bis es voll ist. Manchmal reist es um die ganze Welt!

Volle FBs sollten immer an die Person, für die sie gemacht wurden, zurückgesandt werden. Mit Leuten, denen ich volle FBs zurückschickte, konnte ich bereits nette Kontakte knüpfen. Und durch FBs lernte ich sogar Leute kennen, die am gleichen Tag Geburtstag feiern wie ich.

FBs bieten Platz für Anzeigen jeglicher Art. Nicht nur, ob man noch Briefkontakte oder Tauschpartner sucht. Sondern auch, dass man Adressaufkleber oder diverse Artikel verkauft.

Anzeigen in FBs sind keine Grenzen gesetzt. Und sie sind kostenlos.

Mit dem sittenwidrigen Schneeballsystem haben FBs übrigens nichts zu tun! Eine gute Beschreibung, was FBs sind, lieferte einst mein Brieffreund Wesley aus Australien:

"FBs sind richtige kleine Kontaktmagazine!"

Wie Recht er doch hat!

Fachwerkhäuser im Zentrum von Tübingen am Neckar – April 2007

Meersburg am Bodensee – Juni 2007

Der freche Franzose

Zu meinem "Sammelsurium" an Briefkontakten zählte auch Marcel de Fromage aus Lyon in Frankreich. 1986 erhielt ich seinen ersten Brief. Er war ein hagerer, 40-jähriger arbeitsloser Buchhalter und besaß eine Eigentumswohnung.

Wir tauschten uns vorwiegend über Politik aus. Ein solcher Briefwechsel kam auch meinen französischen Sprachkenntnissen sehr zugute.

Die Arbeitslosigkeit war verantwortlich für Marcels Stimmungswandel - mal himmelhoch jauchzend, dann wieder am Boden zerstört. Einigermaßen finanziell abgesichert war er ja, allerdings fühlte er sich in der Gesellschaft recht nutzlos. Die Depressionen verstärkten sich - und der dunkelhaarige Franzose musste sich in psychiatrische Behandlung begeben. Ich versuchte, ihn in meinen Briefen zu ermuntern, weiterzumachen und nie aufzugeben.

1988 hatte Marcel folgende Idee:

"Du bist allein, ich bin allein - wir könnten doch heiraten!"

Eine haarsträubende Idee - wer hatte ihm denn diesen Floh ins Ohr gesetzt? Wir kannten uns doch nur aus Briefen - und da sollten wir heiraten? Natürlich stimmte ich nicht zu. Er akzeptierte überraschend meine Entscheidung, und wir korrespondierten weiter - so, als habe es die Frage nach Heirat in unserem Leben nie gegeben.

Das Jahr 1989 nahte. Ich verlebte im Mai 1989 eine unvergessliche und schöne Zeit mit meiner Brieffreundin Julietta aus Holland. Frisch erholt erschien ich wieder an meinem damaligen Arbeitsplatz. Natürlich sichtete ich auch die Briefflut, die während meiner Abwesenheit beinahe meinen Briefkasten gesprengt hatte. Unter anderem fand sich ein Schreiben von Marcel, in dem er mir folgenden Vorschlag machte:

"Wäre es nicht eine gute Idee, sich zu treffen? Ich kann dich jederzeit besuchen! Schreibe mir doch, wann es dir passt."

Im Moment hatte ich keine Lust, ihn zu treffen, und das wollte ich ihm mitteilen. Aber ich kam nicht mehr dazu. Zwei Tage nach Urlaubsende bemerkte ich eine merkwürdige magere Gestalt an meiner Haustüre. Ein Bettler? Ein Hausierer? Nein, es war Marcel! Völlig eingeschüchtert entschuldigte er sich für sein plötzliches Auftauchen:

"Im Hotel wollte man mir kein Zimmer geben - also bin ich hier."

Irgendwo musste er bleiben - ich war ja kein Unmensch, und so ließ ich ihn in meine vier Wände. Schlürfend und mit einer Geschwindigkeit, als habe er mindestens einen Monat lang nichts mehr gegessen, verschlang er die Tomatensuppe, die ich ihm vorsetzte.

Ich war total unvorbereitet. Und mein Gehirn begann, auf Hochtouren zu arbeiten. Dieser ungeplante Besuch passte mir wirklich nicht! Außerdem war es sehr unhöflich, ohne Vorwarnung hier hereinzuschneien wie ein Gewitter. Hätte Marcel nicht meine Antwort auf seinen Brief abwarten können?

Marcel wirkte zerfurchter und älter als auf dem Foto, das er mir gesandt hatte. Und sein unverhoffter Besuch machte ihn mir nicht sympathischer. Außerdem verstand ich ihn kaum - ich als Expertin auf dem Gebiet der französischen Sprache hatte Probleme, sein Gemurmel und Gebrumme zu kapieren. Nach einigen Fragen bekam ich folgendes heraus:

Innerlich fühlte sich Marcel so zerrüttet, dass er seine Wohnung plötzlich fluchtartig verlassen hatte. Ihm war nichts Besseres eingefallen, als mich spontan zu besuchen.

Was sollte ich nur tun? In diesem fürchterlichen Dorf, in dem ich damals hauste, steckte ich ohne Auto total fest. Am Abend fuhr leider kein einziger Bus mehr in eine der nächstgelegenen Städte - zu spät also, Marcel noch in ein anderes Hotel einzuquartieren. Ich bot ihm mein Sofa als Schlafstätte an.

Alpträume quälten mich in dieser Nacht. Ich hatte Angst vor dieser psychisch angeknacksten Person. Konnte ich ihm trauen? War er nicht fähig, sich durch seine Depressionen zu unkontrollierten Handlungen hinreißen zu lassen?

Unausgeschlafen und schlecht gelaunt begab ich mich am nächsten Tag ins Büro. Kaum konnte ich mich konzentrieren. Was tat Marcel im Moment? Was stellte er gerade in meiner Wohnung an? Ich schüttete meinem Vorgesetzten mein Herz aus, der nur den Kopf schüttelte:

"Was fällt diesem Franzosen ein? Es ist sehr unhöflich, Sie unangemeldet aufzusuchen! Sie müssen sich etwas einfallen lassen, ihn loszuwerden!"

Was ich mir einfallen ließ, war übrigens keine Lüge. Mein Brieffreund Terry aus West-Australien befand sich gerade auf einer Europareise. Er hatte mich darüber in Kenntnis gesetzt, und ich hatte ihn eingeladen. Ich brachte dies Marcel schonend bei:

"Du solltest morgen abreisen."

Er fasste diese Eröffnung relativ ruhig auf:

"Ja, das wollte ich sowieso. Ich habe bereits einen Platz in einem Charterflugzeug reserviert."

Kein Mensch kann sich vorstellen, wie viele Gesteinsbrocken von meinem Herzen fielen! Innerlich jubelte ich. Denn - was hatte Marcel im Laufe des Tages bei mir angestellt?

Genug, fand ich.

Bei dem Versuch, das Fenster im Wohnzimmer zu kippen, hatte er das Fenster fast ausgehängt. Es kostete mich einige Mühe und Zeit, alles wieder in die richtige Position zu bringen.

Verzweifelt und hungrig suchte ich abends nach dem Laib Vollkornbrot, den ich am Vortag gekauft hatte. Schließlich gestand Marcel:

"Ich habe das Brot aufgegessen!"

Krümel auf dem Boden waren die Überreste dessen, was einst mein Vollkornbrot gewesen war. Marcel hatte es nicht für nötig gehalten, einen Teller zu benützen oder die Krümel vom Küchenboden zu entfernen. Das sollte ich tun!

Und irgendwas stimmte mit meinem Eisschrank nicht. Bei dem Vorhaben, meinen Eisschrank zu plündern, hatte Marcel endlich geschafft, was vor ihm noch niemandem gelungen war: er hatte die Tür zum Gefrierfach ausgehängt. Ich schaffte es, das Gefrierfach wieder zum Funktionieren zu bringen. Aber so lange, wie ich diesen Eisschrank besaß, wurde ich immer wieder an Marcel erinnert. Denn jedes Mal, wenn ich die Gefrierfachtür öffnen wollte, musste ich sie aushängen. Marcel hatte die Scharniere kaputtgemacht.

Ich fühlte riesige Erleichterung, als ich Marcel am nächsten Morgen vor der Arbeit zur Bushaltestelle begleitete.

"A bientôt!", verabschiedete er sich.

"A bientôt!", antwortete ich - meinte aber nicht "bis bald", sondern "auf Nimmerwiedersehen!"

Marcel kehrte nach Lyon zurück, und ich meldete mich nie wieder bei ihm. Von solchen unangemeldeten Besuchen hatte ich die Nase gestrichen voll!

Terry, der Australier, ist übrigens nie bei mir aufgetaucht. Während seiner Europareise ging ihm das Geld aus, und er kehrte vorzeitig nach Australien zurück. Heute habe ich auch Terry aus den Augen verloren. Aber ich werde nie vergessen, wie seine Reise mir die beste Entschuldigung lieferte, den chaotischen Besuch von Marcel zu beenden.

Pfahlbauten in Unteruhldingen am Bodensee – Juni 2007

Porto sparen

Porto ist teuer - besonders in Deutschland. Deshalb ein nützlicher Rat: Baut nur so viele Briefkontakte auf, wie ihr sie euch finanziell leisten könnt und für deren Briefe ihr auch Zeit habt. Eure Brieffreundinnen und Brieffreunde sind Menschen, und sie verdienen, genauso gut behandelt zu werden, wie ihr von ihnen behandelt werden wollt! Also - nicht nur ein bis zwei Briefe pro Jahr - und diese nur zu Weihnachten und zum Geburtstag -, sondern regelmäßig schreiben!

Was tut ihr, wenn ihr festgestellt habt, dass ihr zu viele Kontakte aufgebaut habt? Natürlich wollt ihr auch am Wochenende mit der Motorradclique auf Tour gehen, anschließend ein "kühles Blondes" genießen und den Tag mit einem Discobesuch abschließen. Auch an Werktagen seid ihr nicht immer in der Stimmung, einen großen Briefberg so nach und nach abzuarbeiten. Sollte sich dieser Zustand in Euer Leben eingeschlichen haben, ist es wirklich besser, einigen Briefpartnern zu kündigen. Ich hörte von einer Dame aus Neuseeland, die 150 (!!) Briefkontakte in der ganzen Welt pflegt und täglich Stunden mit der Beantwortung ihrer Post beschäftigt ist. Ihre Freunde hören vielleicht ein bis zwei Male im Jahr von ihr. In der Zwischenzeit hat sie sogar schon einige Nervenentzündungen im Handgelenk hinter sich - vom vielen Schreiben. Ich jedenfalls werde nie mit ihr Kontakt aufnehmen!

Wie spart man Porto? Manche Leute, die in der Nähe von Tschechien oder Polen wohnen, fahren ein Mal pro Woche dorthin, um ihre Post aufzugeben. Dort ist das Porto wesentlich billiger als in Deutschland.

Weltweit ist auch das "Portosparsystem" mit den eingeseiften oder „geprritteten" Briefmarken bekannt. Aber Vorsicht! Die Post in vielen Ländern der Erde hat den Trick bereits erkannt, und die Strafen fürs Erwischt-Werden sind teuer! Es handelt sich eindeutig um Wertzeichenfälschung und somit um eine strafbare Handlung!

Ein Jurist erzählte mir, wie hoch die Strafe in Deutschland für ein solches Vergehen sei: mehrere tausend Euro und eine eventuelle Freiheitsstrafe, je nach Anzahl der eingeseiften Marken. Also nochmals: es lohnt sich nicht, Briefmarken - egal, wie - zu fälschen. Die Strafe dafür ist sehr hoch!

Es ist jedoch geplant, dass das Briefmonopol in Deutschland fällt. Es gibt unterdessen regionale Briefdienste, andere Briefdienste werden sicherlich folgen.

Blick auf die niederländische Stadt Utrecht – Mai 1989

Julietta

Meine Brieffreundin Julietta aus Holland ist tot. Sie starb im Januar 1993 im Alter von 30 Jahren an Hautkrebs. Wie mir ihr Freund Robbie am 27. Februar 1993 am Telefon erzählte, ging zum Schluss alles sehr schnell. Am 5. Januar hatte ich noch mit Julietta telefoniert, kurze Zeit später wurde sie ins Krankenhaus eingeliefert, wo sie die meiste Zeit schlief. Nach einer Woche starb sie - sie schlief sanft ein und wachte nie mehr auf. Man wollte mich sofort über ihren Tod in Kenntnis setzen, aber der Brief, den man mir schickte, erreichte mich nie. Ein Fehler der Post!

"Es war das Beste für sie, dass sie starb", erzählte mir Robbie. "Julietta war schwer krank und sehr, sehr dünn. Sie wog nur noch 40 Kilogramm und litt an starken Schmerzen."

Fassungslos vernahm ich die Todesnachricht. Julietta war gestorben. Und ich betrachtete die Fotos von unserem Treffen im Mai 1989, auf denen sie mir entgegenlächelte. Julietta vor der Universität in Utrecht, Julietta in ihrer Küche, Julietta und Robbie, Julietta in einem Straßencafé. Wie so oft, zog ich ihre Briefe hervor und las sie wieder und wieder. Und dann überkam mich die Trauer, sie zog mich fast nach unten in die Tiefe einer Depression. Dann fielen mir so viele Dinge ein, die ich schon beinahe vergessen hatte. Denn seit 1990, nachdem ihre Krankheit so unverwartet ausbrach, hatten wir nur wenig voneinander gehört.

"Julietta fühlte sich oft sehr müde", berichtete Robbie. "Sie konnte keine Briefe mehr schreiben - ihr fehlte die Konzentration."

Julietta, die sehr viel Humor besaß. An die lustigen Partys, die wir gemeinsam besuchten, erinnere ich mich gerne. Julietta, die stets versucht hatte, dem Leben die schönen Seiten abzugewinnen. Julietta, die immer lächelte. Ihr selbst fiel dies kaum auf, aber alle Leute sahen es. Julietta zeigte sich äußerst tolerant, akzeptierte jede Meinung und versuchte, viele tiefgehende Überlegungen über alles anzustellen. Sie versuchte, für jedes Problem irgendeinen Rat zu geben. Und sie betrachtete das Leben stets mit einem positiven Augenzwinkern.

Nein, Julietta war keine regelmäßige Briefschreiberin. Meistens erhielt ich ihre Antwort auf meine Briefe erst nach zwei Monaten. Aber jeder ihrer Briefe war mit einer Zeichnung oder einem Aquarellgemälde geschmückt. Und sie war ein Sprachgenie.

Von ihr lernte ich, wie herzlich die Holländer sind. Wenn Statistiken beweisen wollen, dass die Holländer die Deutschen nicht leiden können, kann ich das nur verneinen. Julietta und ihre Freunde bewiesen mir das Gegenteil. Dagegen zeigen wir Deutschen uns oft viel zu kühl.

Im Mai 1989 besuchte ich Julietta in Utrecht. Julietta, die Diplombiologin und Hobbyköchin. Sie konnte einen Gaumenschmaus nach dem anderen zaubern.

Julietta, die ihre Doktorarbeit schrieb. Doch zum Promovieren blieb ihr keine Zeit mehr. Sie lächelte. Auch dann noch, als das Leben grausam zu ihr war. Auch dann noch, als sie erfuhr, dass es keine Hoffnung mehr für sie gab.

"Julietta", flüsterte ich fassungslos, als ich zum letzten Male mit ihr telefonierte. "Ich würde dir so gerne helfen. Aber ich weiß nicht, wie. Ich kann nur noch hoffen und beten!"

Sie schien selbst durch den Telefonhörer über einige hundert Kilometer hinweg zu lächeln. Sterbende besitzen manchmal eine ungeheure Kraft - auch Julietta besaß sie. ihre Antwort überraschte mich:

"Aber Hoffen und Beten - das ist doch schon was!"

Beschämt stellte ich fest, dass ich, die ich doch Julietta trösten wollte, von ihr - einer Sterbenden - seelisch aufgerichtet worden war.

Julietta hoffte - bis zum Schluss. Sie hoffte auf Chemotherapie und Interferonspritzen, aber nichts half, die tödliche Krankheit zu stoppen. Julietta hatte nicht die Zeit, das zu tun, was sie am liebsten tat: leben. Julietta entschlief sanft - vollgepumpt mit Morphium. ihre Familie und Robbie saßen an ihrem Bett im Krankenhaus.

Ich machte mir viele Vorwürfe: "Ich hätte öfter mit ihr telefonieren sollen!"

Aber Robbie versuchte, mich zu beruhigen: "Du hast keine Schuld - du hast doch nichts gewusst!"

Er hatte Recht. Wie schlecht es um Julietta stand, erfuhr ich erst elf Tage vor ihrem Tod. Sie konnte sich kaum noch bewegen, fand nur schwer die richtige Liegeposition beim Schlafen und litt unsägliche Schmerzen. Robbie musste sie jeden Morgen aus dem Bett tragen, waschen, anziehen und auf die Couch setzen.

Zwei Jahre insgesamt dauerte Juliettas Kampf gegen den Krebs - ein Kampf, den sie verlor. Zwei Jahre voller Hoffnungen, Bangen und Operationen. Und dabei hatte alles nur mit einem Muttermal am linken Bein begonnen, aus dem eine bösartige Geschwulst geworden war.

Robbie musste lernen, ohne Julietta zu leben. Das war nicht einfach, denn er hatte sie gepflegt. Auch er bekam zu spüren, wie grausam das Leben sein kann.

Er versprach, den Kontakt mit mir nie abreißen zu lassen. Hatte ich ihn nicht auch 1989 getroffen - hatten wir uns nicht gut verstanden? Aber ich habe nie wieder ein Lebenszeichen von ihm erhalten.

Crailsheim an der Jagst - 1998

54

Wolkenkratzer in Shanghai – März 2007

Märkte – Menschen – Waren – oder: Reise nach Hong Kong

"Besuchen Sie Hong Kong, solange es noch britische Kronkolonie ist!" Dieser Slogan prangte in dicken Lettern in vielen Prospekten diverser Reiseveranstalter.

Die Deutschen reisen gerne – ich auch. Warum auch nicht? Besuchen Sie die große weite Welt, solange es noch geht! Solange Sie es sich noch leisten können – solange Sie noch einen Job haben und kein „Hartz-IV-Empfänger" sind!

Mit einer Reisegruppe von Hohenloher-Franken aus dem Landkreis Schwäbisch-Hall jette ich am 5. Februar 1996 über London mit „British Airways" nach Hong Kong. Nach 13 Stunden Flug befinden wir uns in einer völlig anderen Welt – und sieben Stunden der deutschen Zeit voraus.

Hong Kong überrascht uns mit Regen. Kein freundliches Willkommen, aber wir bleiben optimistisch. Der Anflug auf den Flughafen „Kai Tak" inmitten Hong Kongs ist ein Erlebnis – man düst gefährlich tief über den

Dächern von Wohn- und Geschäftshäusern und landet schließlich sicher auf asiatischem Boden.

Diesen Flughafen gibt es unterdessen nicht mehr. Hong Kong hat seit einigen Jahren einen neuen Flughafen auf der Insel Lantao.

Jeder Pilot, der in Hong Kong auf dem Flughafen „Kai Tak" landete, brauchte eine Extra-Qualifikation. Denn das Vorbeifliegen an Häusern erforderte eine besondere Konzentration, ein besonderes Lenkvermögen – und sicherlich viel Nerven!

Nach den Einreiseformalitäten am Flughafen erwartet uns ein chinesischer Reiseführer, dirigiert uns in einen Bus und gibt uns Erläuterungen zu Hong Kong auf der Fahrt zum Hotel:

„In Hong Kong können Sie sicher durch die Straßen gehen – aber achten Sie auf Ihre Kameras und Handtaschen! Bitte hängen Sie nichts achtlos über Ihre Schultern oder über die Stühle in Restaurants und anderen öffentlichen Einrichtungen. Solche Dinge werden gerne geklaut – wie überall."

Diesen Rat nehmen wir uns zu Herzen und haben in den folgenden Tagen keine Probleme.

Die zahlreichen Wolkenkratzer Hong Kongs leuchten im Licht der Straßenlaternen. Tiefschwarze Nacht breitet sich wie ein Mantel schwer über die Stadt. Die Leuchtreklame ist weltberühmt und ist Anfang Februar noch üppiger, noch bunter, noch prächtiger, weil die Chinesen am 19. Februar 1996 ihr Neujahrsfest feiern werden. Dann wird das „Jahr des Schweines" vom „Jahr der Ratte" abgelöst.

Das Hotel „Newton" ist gut. Einige hübsche Chinesinnen in adretten blauen Kostümen schwirren in der Eingangshalle herum. Herren in schicken Anzügen arbeiten als Türsteher, Kofferträger oder tauschen Geld um.

Die Chinesen in Hong Kong sind emsig und hektisch. Das fällt uns während unseres Aufenthalts dort besonders auf.

Hong Kong ist eine sehr moderne Metropole – immer auf der Höhe der Zeit, entsprechend den neuesten Modetrends. Zimmerschlüssel sind beispielsweise „out" - das Zeitalter der Chipkarte ist angebrochen. Eine Chipkarte öffnet die Zimmertüre im Hotel und gibt Strom frei, wenn man sie in einen Schlitz neben dem Lichtschalter steckt.

Die Zimmer sind modern und wohnlich eingerichtet – mit Bad und WC, Fernseher und Bar. Was will man mehr?

Hungrig laufe ich in den nahegelegenen Supermarkt „Seven Eleven". Ein Supermarkt, der tatsächlich rund um die Uhr, 24 Stunden lang, geöffnet hat. So etwas habe ich in Deutschland bis dahin noch nicht gesehen – später allerdings gibt es bei uns viele Tankstellen, die rund um die Uhr geöffnet haben.

Mit einem Törtchen und einer Flasche Mineralwasser kehre ich ins Hotel zurück.

Am nächsten Tag, dem 7. Februar 1996, sehe ich Hong Kong bei Tageslicht – es macht so einen viel positiveren Eindruck auf mich.

Das Frühstück nehme ich in einem chinesischen Schnellrestaurant um die Ecke ein. Dort sei es billiger, sagte unser Reiseleiter. Billiger als im Hotel.

Es ist nicht nur billiger, sondern auch hektischer. Daran müssen wir uns erst einmal gewöhnen. Aber bald beobachten wir amüsiert das lebhafte Treiben im Restaurant. Man wird schnell bedient, deutet auf ein warmes duftendes Gebäck, das man gerne essen möchte. Ein eifriger Kellner mit weißer Jacke wirft das Gewünschte auf einen abgenutzten Plastikteller und rennt in das Restaurant. Ich folge ihm. Es ist eng, und fast jeder Platz ist besetzt. Viele Chinesen frühstücken dort, bevor sie zur Arbeit gehen. Einige von ihnen tragen Anzüge.

Ich quetsche mich in ein freies Eck. Der Teller mit dem ausgewählten Gebäck landet vor meiner Nase auf dem Tisch.

„One cup of coffee – black!" rufe ich dem Kellner nach. Dieser nickt und knallt wenig später eine Tasse mit schwarzem dampfenden Kaffee vor mich hin.

Ich verzehre in Ruhe mein Gebäck und genieße den Kaffee. Beides ist sehr gut. Der Kellner und seine Kollegen rasen herum, manchmal mit vier Gläsern Tee in einer Hand. Ihre Finger hängen in das warme Gebräu. Doch das scheint die Gäste nicht zu stören. Hauptsache, man wird schnell und billig bedient. Zwölf Hong-Kong-Dollar bezahle ich für mein Frühstück. Das sind umgerechnet ungefähr 1,20 Euro, ein günstiger Preis.

In Ruhe verlasse ich das Restaurant. Von der Hektik könnte ich mich beinahe anstecken lassen. Aber warum sollte ich das während meines Urlaubs tun?

„Chou San!" begrüßt der chinesische Reiseleiter unsere hohenlohisch-fränkische Urlaubergruppe zur ersten Ausflugsfahrt. „Chou San" heißt „guten Morgen" auf Chinesisch.

Mit dem Bus fahren wir an Wolkenkratzern, Palmen, dem Gebiet Wan Chai und dem Suzie-Wong-Areal vorbei. Erstes Ausflugsziel ist der Victoria Peak, der berühmte Berg Hong Kongs. Wir quetschen uns in einen der beiden Waggons der Bahn, die uns hinaufbringen soll. Die Plätze auf der rechten Seite werden schnell besetzt, weil man von dort aus die beste

Aussicht hat. Einmal halten wir an. Wir Deutsche hängen hier oben –
gefangen mit einigen Amerikanern und Australiern.

Auf dem Victoria Peak pfeift uns ein frischer Wind um die Ohren, und
wir sind froh, dass wir unsere Winterkleidung aus „good cold Germany"
angezogen haben. Die Aussicht auf die Stadt, den Hafen und das Meer
ist tatsächlich atemberaubend. Unser Reiseleiter erklärt uns einzelne Gebäude, aber in dem Häusermeer können wir nur schlecht erkennen, welchen Wolkenkratzer er gerade meint.

Auf der Weiterfahrt wird unser chinesischer Reiseleiter nicht müde, uns
viel aus dem Alltag der Einwohner Hong Kongs zu berichten. Wo-her
kann er nur so gut deutsch? Ganz einfach: er absolvierte eine Ausbildung als Flugzeugmechaniker bei der „Lufthansa" in Deutschland. Leider wurde sein Beruf in Hong Kong nicht anerkannt, und seitdem arbeitet er als Reiseleiter.

Sein Handy – mobiles Telefon – trägt er stets bei sich, so wie jeder fort-
schrittliche Einwohner dieser Millionenmetropole.

Wie leben die Chinesen in Hong Kong? In viel zu engen Wohnungen
hausen oft mehrere Generationen zusammen. Die Chinesen brauchen
nicht ins Theater zu gehen, meint unser Reiseleiter, denn sie erleben
„chinesisches Theater" live zu Hause. Man geht sich also ständig auf die
Nerven.

Was kann man dagegen tun? Leider sehr wenig, denn Wohnraum ist
knapp, und die Mieten sind utopisch. Da haben wir es in Deutschland
noch ein bisschen besser.

Alte Menschen werden von ihren Kindern oder Enkeln unterstützt. Das
Kranken- und Rentenversicherungssystem, wie wir es kennen, gibt es
nicht. Trotzdem verlieren die Leute hier nicht die Lust am Leben und
sind leidenschaftliche Anhänger von Lotto und Pferderennen.

Unser nächstes Ausflugsziel heißt „Repulse Bay", ein berühmter
Strand. Er strahlt vor Sauberkeit. In Hong Kong achtet man auf ein
reines Stadtbild. Jeder, der die Umwelt verschmutzt und erwischt wird,
wandert für sechs Monate ins Gefängnis und bekommt obendrein noch
eine Geldstrafe!

Am „Repulse Bay" erwarten uns Buddha-Statuen, die jemand mit bun-
tem Krepp-Papier und Girlanden geschmückt hat. Über dem Ganzen
schwebt ein Duft von Weihrauch. Farbenprächtige Pagoden und eine rote
Brücke sieht man neben den Statuen. Wer über diese Brücke geht und
wieder zurück, lebt genau sechs Tage länger. Das sagt eine Legende. Ich
bin nicht abergläubisch, aber die Brücke überquere ich. Wenn ich schon

mal da bin! Denn ich weiß nicht, wann ich wieder nach Hong Kong kommen werde.

Japaner schwirren schwatzend an uns vorbei und gruppieren sich für Fotos. Auch andere deutsche Touristen treffen wir – aber die trifft man überall.

Für die Chinesen haben Farben eine Bedeutung. Rot ist die Farbe des Glücks, grün die Farbe des Reichtums. Die Maler, die Statuen und Ähnliches bemalen, gehen sehr verschwenderisch mit der Farbe Rot um. Die Dekorationen zum Chinesischen Neujahr sind ebenfalls rot, meist mit einem goldenen Schriftzug mittendrin. Chinesische Schriftzeichen, die wir nicht lesen können.

Auch an Drachen und Geister glauben die Chinesen. In der Nähe von „Repulse Bay" gibt es tatsächlich einen riesigen Wohnblock mit einem großen quadratischen Loch in der Mitte. Das Loch müsse sein, sagen die Chinesen, denn das Haus steht auf einem Hügel. Und Häuser auf Hügeln können von Drachen besucht werden. Möchtet ihr von einem Drachen besucht werden? Die Chinesen jedenfalls nicht. Der Drache soll leicht durch das Haus schlüpfen können und nicht im Haus bleiben – deshalb hat man das Loch gebaut. Der chinesische „Häuslebauer" verzichtet doch tatsächlich auf die Mieteinnahmen von zehn bis zwölf Wohnungen, nur weil er an Drachen glaubt!

Im Stadtteil Aberdeen klettern wir in einen so genannten „Sampan". Das ist ein Boot, das uns an unzähligen Hausbooten vorbeilotsen soll. In Aberdeen leben einige tausend Menschen in Booten auf dem Wasser, zum Teil schon seit Jahrzehnten. Die Regierung von Hong Kong versucht, diese „Water People" auf dem Land sesshaft zu machen. Aber ist es nicht schwierig für Leute, die schon 30 bis 40 Jahre auf einem Boot leben, sich plötzlich umzugewöhnen? Außerdem steckt man sie zuerst nur in erbärmliche Übergangswohnheime – denn die Wartezeit für Sozialwohnungen beträgt in Hong Kong sieben bis acht Jahre.

Eine Chinesin lenkt uns sicher über das Wasser. Wellen klatschen an die Bootswand, und wir gleiten vorbei an einem Supermarkt- und etlichen Hausbooten. Schwimmende Restaurants warten auf Besucher. Von außen wirken sie prächtig – mit geschwungenen Dächern, schön bunt, verziert mit vielen Schnörkeln. Eben chinesisch und außergewöhnlich für uns.

Einige Menschen haben Wäsche und Fische zum Trocknen an ihren Hausbooten aufgehängt. Die Bootsfahrt ist gelungen. Fordernd platziert „unsere chinesische Kapitänin" eine Blechdose in die Mitte des Bootes. Einige Münzen sind bereits in der Dose, und auch wir Deutsche werden zu Spenden aufgerufen. Wir stiften einige Hong-Kong-Dollars Trinkgeld. Trinkgeld nimmt man – wie überall – auch in Hong Kong gerne. Nach der Bootsfahrt besichtigen wir den Fischmarkt. Fische aller Art schwimmen in Wasserbottichen herum. Ob das den Fischen gefällt? Wir können das nicht beurteilen. Man hat Schläuche hineingehängt, die unaufhörlich frisches Wasser spenden, damit den Fischen der Sauerstoff nicht ausgeht.

In anderen Eimern regen sich viele Sorten Krebse. Sie ziehen protestierend an den Fäden, mit denen ihre Scheren zusammengebunden sind. Auch die riesigen Hummer kriechen munter in ihren engen Gefängnissen herum. Der Markt ist eine Fundgrube für Leute, die frische Ware wollen.

Wir sehen noch einige Märkte mit lebenden Tieren in Hong Kong. Das ist hier üblich – für die Leute ganz normal. Wir holen unsere Hähnchen daheim tiefgefroren aus der Gefriertruhe. Die Chinesen dagegen suchen sich ihr Huhn aus, wenn es noch munter im Käfig gackert. Frisch muss die Ware sein, und das ist sie nur, wenn sie noch lebt.

Es gibt große Vogelmärkte – so lange, bis die Vogelgrippe auftaucht. Heute – im Jahre 2007 – sind die Vogelmärkte, wie ich sie 1996 in Hong Kong gesehen habe, verboten. Die Chinesen haben Angst vor der Vogelgrippe.

Aber zurück ins Jahr 1996 – in den Monat Februar, als noch niemand das Wort „Vogelgrippe" überhaupt kannte. Ich bin mit einer deutschen Reisegruppe in Hong Kong – und zum Schluss unseres Ausflugsprogramms am 7. Februar genießen wir eine Hafenrundfahrt. Der Himmel ist grau, aber zum Glück regnet es nicht. Regen haben wir in Deutschland genügend.

Riesige Wolkenkratzer sehen wir. In Hong Kong haben viele Architekten ihre künstlerische Freiheit ausgelebt – ein Wolkenkratzer sieht interessanter und skurriler aus als der andere. Viele sind beinahe völlig verglast, und in ihnen spiegelt sich der graue Himmel.

Wir beobachten auch, wie Flugzeuge auf der langen Landebahn des Flughafens Kai Tak abheben und aufsetzen. Wie majestätische Supervögel rollen sie die Bahn entlang und schwingen sich in die Lüfte – fort in ein anderes Land. Oder sie landen gerade.

Wir schreiben den 8. Februar 1996. Mein dritter Tag in Hong Kong, wenn man den Tag der Ankunft mitrechnet. Die Sonne scheint heute. Wenn ich den großen Vorhang in meinem Hotelzimmer aufziehe, sehe ich viele Hochhäuser. Die Sonne bahnt sich ihren Weg durch das dichte Häusermeer und kitzelt mich an der Nasenspitze.

Die Chinesen freuen sich auf ihr größtes Fest des Jahres, das chinesische Neujahr am 19. Februar. Alles ist prachtvoll dekoriert, man leistet sich neue Kleider und besucht die Verwandtschaft. Am chinesischen Neujahr soll der Küchengott erscheinen, deshalb wird auch die Wohnung – besonders die Küche – blitzblank geschrubbt. Das „Jahr des Schweins" verabschiedet sich, das „Jahr der Ratte" wird anbrechen.

Unsere Reisegruppe besucht heute eine prächtige Tao-Tempelanlage mit grünen und gelben Dächern. Unser Reiseleiter führt uns in eine chinesische Apotheke, in der eifrige Angestellte Tees gegen verschiedene Leiden zusammenmischen. Viele Leute in Hong Kong glauben – trotz moderner Heilmethoden – immer noch an die Heilkräfte der chinesischen Medizin. Zwei Ärzte – bei uns würde man „Heilpraktiker" sagen – behandeln die wartenden Patienten und geben ihnen ein Rezept für Tee mit. Dieser wird sofort von den chinesischen Apothekern zusammengemischt. Grundsätzlich bekommen die Patienten noch ein Bonbon – denn der Tee schmeckt meistens bitter. Das Bonbon soll den Geschmack etwas versüßen.

Im Freien auf dem Hof breiten einige Chinesen auf einigen Tischen gebratene Hühner, Enten, Schweine, Reiswein und andere Lebensmittel aus. Man weiht sie Tao und verspeist sie dann abends im Familienkreis. Die Chinesen, durchtränkt vom Glauben an Geister und Drachen, schütteln vor den Tempeln Stäbchen, um zu orakeln – also zu weissagen. Sie zünden Räucherstäbchen an und wedeln sie in der Luft herum. Währenddessen wird gebetet – mit starker Hingabe äußert man Wünsche für sich selbst, für Familienmitglieder und Freunde.

Wir setzen unseren Weg fort – fahren an den „New Territories" vorbei. Das sind neuere Siedlungen in Hong Kong, die besonders in den letzten Jahren sehr gewachsen sind. Wie zum Beispiel Sha Tin. Aus einem ursprünglich 5.000 Einwohnern zählenden Dorf hat sich innerhalb von 25 Jahren ein Stadtteil mit 800.000 Einwohnern entwickelt.

„Eigentlich müsste Hong Kong nur diese ‚New Territories' an China 1997 zurückgeben", erzählt unser Reiseleiter. „Aber leider wurde anders entschieden."

Ob sich 1997 viel für Hong Kong ändern wird? Wir glauben nicht daran, und unsere Ansicht hat sich bewahrheitet. In Hong Kong wird so viel Geld verdient – noch immer. Zu Geld sagen die Chinesen nicht nein. Englische Straßennamen wird es nicht mehr geben, so sagt man uns 1996 – nur noch chinesische. Viele Einwohner Hong Kongs machten sich wegen 1997 nicht verrückt, andere lösten ihre Firmen auf und flüchteten nach Europa oder Amerika.

Unser Reisebus hält in den „New Territories". Verschwunden sind die Wolkenkratzer, hier sieht alles ländlich aus. Auch Hektik scheint hier nicht angesagt zu sein. Ein mit Zeltplanen überdachter Markt interessiert uns. Hier kann man nicht nur Obst und Gemüse kaufen, sondern auch Fleisch. Allerdings werden Fleisch und Fisch bereits bratfertig angeboten. Über diesem Markt hängt ein durchdringender Geruch nach Fisch, Fleisch und Gewürzen. Ein Geruch, der uns nicht gefällt, und wir beeilen uns mit der Besichtigung.

Wir fahren weiter – vorbei an Häusern im spanischen Stil und Pfirsichbäumen. Wir erreichen die chinesische Grenze und blicken auf Shenzhen, die chinesische Trabantenstadt. Keine Stadt in China ist in den letzten Jahren so gewachsen wie Shenzhen. Ein Hochhaus reiht sich an das andere, es herrscht reger Verkehr. Eine Stadt im Wachstum, eine Baustelle. Der Anblick ist eher ernüchternd – viele graue Hochhäuser -, aber das Grenzland dazwischen zeigt uns noch mehr von dem China unserer Vorstellungen: bewässerte Reisfelder, einige Hütten, ein Fluss schlängelt sich durch die Landschaft. Irgendwo dort verläuft die Grenze zu China.

Später genießen wir ein chinesisches Mittagessen in einer blumenreichen Restaurantanlage. Wir sitzen draußen – die Temperaturen liegen zwischen 15 und 20 Grad, das Wetter ist also sehr angenehm. Das Essen schmeckt sehr gut. Tee wird automatisch gereicht, alle anderen Getränke müssen wir extra bestellen und bezahlen.

Anschließend zeigt man uns eine Schmuckfabrik. Ein Chinese erklärt uns auf deutsch, wie all die wunderbaren Schmuckstücke gefertigt werden. Durch eine Glasscheibe beobachten wir Leute bei der Arbeit. In einem Verkaufsraum kümmern sich viele Chinesinnen und Chinesen in blauer Berufskleidung um uns. Die Damen tragen adrette Kostüme – jede dasselbe, die Herren ebenso blaue Anzüge.

Das Verkaufspersonal ist eifrig. Ob wir nicht an diesem oder jenem Schmuckstück Interesse hätten? Aber keiner aus unserer Reisegruppe steckt in Kauflaune. Einige lauschen nur aus Höflichkeit diesen emsigen Verkäufern und probieren einige Schmuckstücke. Schön sehen sie ja aus, aber billig sind sie nicht. Dafür echt. Es wird davor gewarnt, Schmuck bei Straßenhändlern zu kaufen – er könnte genauso teuer sein, aber nicht echt. Hier in dieser Firma könnten wir Qualität erwerben, aber niemand von uns ist in Kauflaune für Schmuck.

Schließlich entfliehen wir diesen motivierten Menschen und sehen uns in den Läden neben der Schmuckfabrik um. Überall ist Fabrikverkauf.

Die angebotenen Waren und Preise gefallen uns allerdings nicht. Hong Kong – das Billigpreisparadies? Diese Zeiten sind vorbei.

Wir fahren ins Hotel zurück, aber niemand von uns bleibt dort. Jeder von uns taucht nochmals in diese Stadt ein, entweder alleine oder mit anderen. Wir lassen uns mitreißen – von dem Flair dieser Weltstadt. Ich fahre mit der „Star Ferry", einem Linienschiff, von Hong Kong Island nach Kowloon und spaziere durch die „Nathan Road", die berühmte Einkaufsstraße. Sie ist 3,5 Kilometer lang und hat viel zu bieten. Unzählige Läden reihen sich aneinander, die Gehsteige sind schwarz von Menschen, die alle noch unterwegs sind.

Ich blicke in Schaufenster und gehe in einige Geschäfte. Aber es gibt so viele Dinge, die ich nicht brauche, und so trinke ich nur eine Tasse Kaffee in einem Schnellrestaurant.

Die Gehsteige sind überfüllt bis lange nach 22 Uhr. Die Chinesen scheinen nicht müde zu werden, sich draußen aufzuhalten. Oder sie fühlen sich eingeengt in ihren Wohnungen und müssen deswegen draußen spazieren gehen. Chinesische Sprachfetzen fliegen mir um die Ohren. Noch nie habe ich so viele Menschen auf der Straße gesehen wie in Hong Kong.

Die Zeit vergeht – wie immer im Urlaub – wir schreiben unterdessen den 9. Februar 1996. Mit der Reisegruppe fahre ich auf einem Fährschiff nach Lantau, einer wundervollen Insel im Süden, die noch zu Hong Kong gehört.

Nach einer Stunde Schifffahrt erreichen wir üppige Vegetation, Ruhe, Idylle – ein totaler Kontrast zu Hong Kong! Die Sonne lacht, der saubere Strand verlockt zu einem Bad. Aber wir haben keine Zeit und auch keine Badesachen dabei. Und so fahren wir weiter im Bus nach Tai-O, einem Dorf, das heute zu China gehört. Dazu sollte ich einiges erklären. Je nach Wasserstand/Wasserhöhe gehört dieses Dorf einen Moment lang zu Hong Kong, dann wieder zu China. Wenn der Wasserstand niedriger ist als einen Meter, gehört das Dorf zu China. Wenn der Wasserstand höher ist als einen Meter, gehört das Dorf zu Hong Kong.

Zwei Chinesinnen lenken uns in einem Boot über den Kanal, indem sie sich an einem dicken Seil entlang hangeln. Ruder gibt es in diesem Boot nicht.

„Vorwiegend leben Ausländer auf Lantao", erklärt uns unser heutiger Reiseleiter. Er stammt aus Österreich und wohnt schon seit über acht Jahren auf Lantao. Ein Globetrotter, der endlich eine Heimat gefunden hat. Wir bewundern ihn. Er weiß viel über Tee und Buddha. Und er muss die Chinesen und ihre Kultur wohl sehr lieben, um hier leben zu können.

Dabei ist er selbst weder Taoist noch Buddhist, wie er uns ausdrücklich versichert. Ob sich für ihn 1997 viel ändern wird?

Auffällig sind seine schlechten Zähne. Manche von ihnen haben braune Flecken. Ob es in Hong Kong oder Lantao keine guten Zahnärzte gibt? Oder hat er einfach keine Lust, sich um seine Zähne zu kümmern?

1997 wird sich für ihn nicht viel ändern, sagt er uns. „Ich werde nur ab diesem Termin als Ausländer gelten." Aber das ist in Hong Kong kein Problem. Die Leute akzeptieren alle Nationalitäten. Es herrscht große Toleranz in Hong Kong – Tao-Tempel stehen neben christlichen Kirchen und Buddha-Anbetungsstätten. Die Chinesen lassen jedem viele Freiheiten, aber man muss sie auch akzeptieren, wie sie sind.

Die Chinesen bevorzugen den Trubel, den Lärm, viele Menschen auf kleinstem Raum, deswegen leben so wenige von ihnen auf Lantau. Und die Mieten auf Lantau sind wesentlich billiger als die in Hong Kong. Die Natur auf Lantau soll geschützt bleiben, deswegen dürfen täglich nicht mehr als 600 Autos auf einmal auf dieser Insel fahren. Aber – wer zählt das? Und was passiert mit den „zusätzlichen" Autos, wenn diese einmal fahren wollten? Fragen, auf die wir keine Antworten bekommen.

Im heute „rotchinesischen" Teil Lantaus bummeln wir über einen Markt. Es gibt Sachen, die wir nicht essen wollen. Getrocknete so genannte „tau-sendjährige Eier" und weitere getrocknete Sachen. Alles hat irgendwie dieselbe Farbe. Und alles hat irgendwie denselben Geruch. Den Geruch, den wir schon von so vielen Märkten kennen.

Tai-O ist ein Dorf auf Pfählen. Die Häuser sind außen mit silberfarbenem Blech verkleidet. „Zur Klimatisierung von Wärme und Kälte", erklärt uns der Österreicher. Das Prinzip ist einfach – aber genial: Im Sommer, wenn es heiß ist, ist es kühl in den Häusern – wegen des Blechs. Im Winter, wenn es kalt ist, ist es warm in den Häusern – die Wärme wird gespeichert, wegen des Blechs.

Tai-O sieht aus wie ein armes Dorf. Die Leute leben beengt, Boote schaukeln auf dem Wasser.

„Der Schein trügt." Der Österreicher deutet auf die Häuser, in deren Metallverkleidung sich das Sonnenlicht spiegelt. „In diesem Dorf leben arme und reiche Leute nebeneinander. Einige Bewohner könnten sich tatsächlich eine Wohnung auf dem Victoria Peak leisten."

Victoria Peak? Wir erinnern uns an unseren ersten Tag in Hong Kong. Ja, Victoria Peak – das ist doch der berühmte Berg Hong Kongs. Und die Häuser dort sind berühmt-berüchtigt für ihre hohen Mieten.

Zeit zum Mittagessen. Aber vorher besichtigen wir noch das Museum, das zum größten Bronze-Buddha der Welt gehört. „Bronze-Buddha" –

wohlgemerkt! Es handelt sich hierbei nicht um die größte Buddha-Statue der Welt – diese steht in Thailand und ist ganz aus Stein. Der größte Holz-Buddha der Welt steht in einem Tempel in Peking, den habe ich im März 2007 gesehen.

Die Reisegruppe, mit der ich 1996 unterwegs bin, sieht einen Buddha aus Bronze – einen größeren aus Bronze gibt es nicht.

Majestätisch thront er auf einem Berg und blickt ins Tal. Im Museum sind viele Kunstwerke ausgestellt. Liebevoll haben asiatische Maler ihre Liebe zum Taoismus und zum Buddhismus auf Papier, Stoff oder Holz gebracht.

Im Buddhisten-Kloster „Po Lin" serviert man uns ein achtgängiges vegetarisches Menü. Es schmeckt erstklassig. Als Vorspeise gibt es Ge-müsesuppe, die man am besten mit Porzellanlöffeln in kleinen Schalen verzehrt. Buddhisten essen kein Fleisch. Staunend wandeln wir anschlie-ßend durch einige Tempel, die zum Kloster gehören, und bewundern die prunkvolle Ausstattung in bunten Farben.

Abends gehe ich noch alleine durch die Stadt. Wie so oft. In Hong Kong gibt es die längste Rolltreppe der Welt, und die möchte ich be-suchen. Niemand soll sich jetzt eine unendlich lange Rolltreppe vorstellen, die bis in den Himmel reicht und vielleicht noch weiter. Nein, es ist eine Rolltreppe mit Unterbrechungen. Sie beginnt hinter dem mar-kanten Hochhaus der „Bank of China" und fährt nach oben. Unter den Fahrgästen auf der Rolltreppe gibt es Märkte, Menschen, Waren. Pul-sierendes Leben in Hong Kong. Irgendwann endet der erste Teil der Rolltreppe, irgendwo auf einem Berg, man muss man ein Stück laufen, um auf die „Fortsetzung der Rolltreppe" aufspringen zu können und weiter nach oben zu fahren – vorbei an Märkten, Menschen, Waren.

Es ist warm draußen, warm für den Februar, aber ich bin ja hier in Hong Kong und nicht in Europa. Ich kann im T-Shirt herumlaufen, die Jacke trage ich in der Hand. Ich fahre mit der Rolltreppe bis zu ihrem Ende und schaue hinab auf Hong Kong. Der Rückweg ist einfach, ebenso wieder über Rolltreppen. Unter mir Menschen, Märkte, Waren, pulsierendes Leben. Hong Kong pulsiert – bis in die Nacht.

Der 10. Februar 1996 ist ein Tag zur freien Verfügung. Kein Ausflugs-programm. Einige aus unserer Reisegruppe erkunden Macao auf eigene Faust, andere bummeln in Kowloon. Mir ist es gelungen, meine Brief-freundin Joey in Hong Kong anzurufen und mit ihr ein Treffen zu vereinbaren. Sie und ihre Freundin Amy holen mich nachmittags vom Hotel ab. Sympathisch sind mir die beiden Chinesinnen sofort. Sie schleppen mich in Einkaufspassagen. Dort gibt es Laden an Laden – ein wahres Shopping-Paradies! Ich schaue nur Waren an, ich kaufe nichts. Ob Joey und Amy darüber enttäuscht sind? Wir Deutschen überlegen etwas länger – reich sind die meisten von uns nicht.

Wir kramen in Stapeln von asiatischem Briefpapier und hören in einem CD-Shop die Musik einiger bekannter chinesischer Sänger und Popgruppen an. Soll ich eine oder zwei chinesische CDs kaufen? Ich kann mich nicht dazu entschließen und kaufe doch wieder europäische Interpreten.

Joey und Amy laden mich in ein chinesisches Schnellrestaurant ein. In einem mit Lärm und Hektik erfüllten Raum serviert man mir Pudding, der in Wasser schwimmt. Das sei chinesisch, erklärt mir Joey. Ich löffle tapfer drauflos und bin überrascht: das schmeckt ja ganz lecker! Auch die drei Fischbällchen am Spieß, die anschließend serviert werden, finde ich gut.

Am Spätnachmittag bringen mich Joey und Amy ins Hotel zurück. Ich bin k.o., die Füße schmerzen vom vielen Laufen. Soll ich noch einige Märkte in Kowloon besuchen oder den Stanley-Markt? Doch ich bin zu müde dazu und streife nur in der näheren Umgebung herum.

Am 11. Februar 1996 reisen wir ab. Bis 12 Uhr sollen wir die Zimmer im Hotel geräumt haben. Da wir erst abends abfliegen werden, dürfen wir unsere Koffer in ein Zimmer stellen, das uns das Hotel freundlicherweise dafür überlassen hat.

Die meisten aus unserer deutschen Reisegruppe tragen wieder „typisch deutsche" Winterkleidung, denn in unserer Heimat herrscht immer noch Eiseskälte.

Jeder von uns schaut sich noch das an, was ihn besonders interessiert und was sich in wenigen Stunden besichtigen lässt. Beispielsweise in der Nähe liegende Einkaufsstraßen, Märkte und Tempel. Und wir verprassen unsere Hong-Kong-Dollars – bis auf 50, die bleiben als Flughafensteuer.

Unser chinesischer Reiseleiter begleitet uns im Bus zum Flughafen und liefert uns wohlbehalten vor den „British-Airways"-Schaltern ab. Ein 14-Stunden-Flug nach London (die Rückreise ist immer länger als die Hinreise) erwartet uns – danach noch eineinhalb Stunden Flug nach Frankfurt.

Die Reise war schön, und ich kann sie weiterempfehlen. Hong Kong ist immer noch sehenswert – auch als chinesische „Sonderprovinz".

In einem Park in Hong Kong – April 1995

Warum Briefkontakte enden - Teil I

Die meisten Briefpartner schreiben nicht mehr, wenn ihnen die Lust am Schreiben generell vergangen ist. Oder, wenn sie zu viele Briefkontakte haben.

So wurde ich von Astrid aus Holland einfach "abserviert". Drei Briefe gingen hin und her, sie berichtete mir über ihr Hobby, das Fliegen. Wir kamen gut miteinander aus. Auf einmal jedoch herrschte Funkstille, und ich fragte mich, ob ihr etwas passiert sei. So hakte ich nach:

"Hallo - ich habe schon lange nichts mehr von dir gehört! Ist mein letzter Brief an dich verlorengegangen? Bitte melde dich doch bei mir!"

Die Antwort landete nur wenige Tage später in meinem Briefkasten - und war für mich niederschmetternd:

"Hallo! Entschuldige mein Schweigen. Aber ich habe zu viele Briefkontakte und komme mit dem Schreiben nicht mehr nach. Deshalb beschloss ich, dir nicht mehr zu antworten. Bitte habe dafür Verständnis. Ich wünsche dir für deine Zukunft alles Gute."

Gut, ich verstand sie. Aber hätte sie mir das nicht früher schreiben können?

Eine Luxemburgerin schrieb mir plötzlich nicht mehr, weil sie und ihr Mann ein Haus bauten und dadurch die Zeit für Briefkontakte fehlte.

Ein anderer Abschied war sehr tragisch:

Ich stand in kurzem Briefkontakt mit einer Japanerin, namens Aiko. Sie bekundete großes Interesse am Schreiben. Eines Tages jedoch erhielt ich folgende traurige Nachricht:

"Leider muss ich dich informieren, dass ich von jetzt an nicht mehr schreiben kann. Ich bin schwer krank - es geht mir oft tagelang schlecht, und oft muss ich mich übergeben. Einige Krankenhausaufenthalte brachten nicht den gewünschten Erfolg. Ich muss mich damit abfinden, dass ich mein normales Leben nicht mehr führen kann, und deshalb alle Briefkontakte kündigen."

Erschrocken hielt ich den Brief in meinen Händen und antwortete sofort, wünschte Aiko viel Glück und gute Besserung.

Nach einem Jahr meldete sie sich überraschend wieder:

"Ich fühle mich wieder gesund. Ich mache eine Ausbildung zur Fahrlehrerin und möchte auch meine Briefkontakte von neuem pflegen. Hast du noch Lust, mir zu schreiben?"

Natürlich hatte ich Lust! Ich griff zu meinem Füllfederhalter und antwortete. Wie freute ich mich schon auf unseren Briefwechsel! Aber die nächste traurige Nachricht ließ nicht lange auf sich warten:

"Verzeihe mir, dass ich wieder absagen muss. Ich dachte, die Krankheit sei vorüber. Aber sie ist wieder aufgetreten - schlimmer als je zuvor. Erneut muss ich die langwierigen und schmerzhaften Krankenhausbehandlungen und Untersuchungen über mich ergehen lassen. Ich wünsche dir für die Zukunft alles Gute und hoffe auf dein Verständnis."

Arme Aiko? Ob sie noch lebt? Was aus ihr wurde, habe ich nie erfahren.

Zum Glück gibt es nicht nur traurige Anlässe, die eine Brieffreundschaft beenden. Auch Erfreuliches kann dazu beitragen - wie der Fall von Olaf aus Stockholm in Schweden zeigt.

Olaf schrieb mir drei Jahre lang regelmäßig. Wir unterhielten uns über seinen und meinen Alltag als Angestellte. In seinen Briefen klang öfters durch, dass er auf der Suche nach seiner "persönlichen Traumfrau fürs Leben" sei. Nie war er aufdringlich, denn für ihn gab es die Partnerin fürs Leben nur in seinem Heimatland.

Eines Tages schilderte er mir erfreut, dass seine Suche Erfolg gezeigt habe. Einige Monate später bereits setzte man einen Hochzeitstermin fest. Die Liebe zu Olafs künftiger Frau verlangte ihm einige Opfer ab,

die er bereit war zu bringen - auch das Beenden aller seiner Brieffreundschaften.

Er teilte mir dies mit und hoffte auf mein Verständnis. Ich bat ihn, er
möge mir bitte Bescheid geben, wenn sein letzter Brief kam. Und das tat
er:

"Dies ist mein allerletzter Brief an dich", schrieb er an einem Novem-
bertag. "Meine Hochzeit wird in zwei Wochen stattfinden. Ich bin sehr,
sehr glücklich."

Ich gönnte ihm sein Glück und sandte ihm eine Glückwunschkarte zur
Hochzeit. Traurigkeit fühlte ich nicht über diesen Abschied. Olaf war
mir drei Jahre lang ein guter Brieffreund gewesen. Er hatte an meinem
Alltag teilgenommen und ich an seinem. Und nun war der Zeitpunkt
gekommen, dass wir unseren Kontakt beendeten. Ich war froh, dass Olaf
mich darüber informiert hatte und nicht plötzlich mit dem Schreiben
aufhörte wie so viele vor ihm.

Trabi und Jugendweihe - Briefkontakte aus der DDR - Teil 1

Meine unermüdliche Suche nach Briefkontakten blieb nicht unbelohnt -
sie brachte sogar mehrere Steine ins Rollen.

Heinrich aus Halle lernte ich 1986 durch den "Bayerischen Rundfunk"
kennen. In einer Popwunschsendung erwähnte der Moderator, dass der
Sender nicht nur waschkörbeweise Postkarten für seine Wunschsendun-
gen bekäme, sondern auch jede Menge Briefe aus der DDR. Junge und
schreibfreudige Leute aus Ostdeutschland suchten verzweifelt Briefkontakte - ob der Sender da nicht helfen könne?

Er konnte. Nach dieser Sendung flossen etliche Zuschriften der "Ba-
yern-3-Hörer" aus dem "Goldenen Westen" nach München, und jede
Adresse aus der DDR konnte weitergeleitet werden.

So wurde Heinrich aus der DDR mein Brieffreund. Ein Rebell, stür-
misch und unzufrieden mit dem DDR-System. Unverblümt äußerte er
sich darüber, was ihm nicht gefiel. Jedoch wusste er auch, dass es außer
einer gefährlichen Fluchtaktion keine Chance für ihn gab, aus seinem
Land zu fliehen.

Seine Briefe trafen regelmäßig bei mir ein - in gnadenloser Ehrlichkeit.
Nichts wurde beschönigt, aber er war auch willig, die positiven Seiten
seines Lebens im "anderen Teil Deutschlands" herauszustellen:

"Grundnahrungsmittel und die Preise für die Benützung von öffentlichen Verkehrsmitteln sind in der DDR sehr günstig."

Jedoch lagen viele andere Dinge im argen:
"Nur selten sieht man bei uns Zitronen oder Bananen in den Läden. Und wenn es sie gibt, dann nur zu überhöhten Preisen. Kaffee und Schokolade gehören ebenfalls zu den Luxusartikeln."

Außerdem war Heinrich ein passionierter Musikfan und stöberte mit Vorliebe in Plattengeschäften:
"Schade, dass Schallplatten so teuer sind", schrieb er. "Eine Langspielplatte aus dem Westen kostet zwischen 80 und 120 Ostmark."

Heinrich tat mir Leid. Wenig später schickte ich ihm tatsächlich das erste Paket - mit Langspielplatten seiner Lieblingsinterpreten Neil Young und den Dire Straits. Die Sendung gelangte heil an Heinrichs Adresse! Er freute sich riesig - und er zeigte sich erkenntlich. Umsonst wollte er nichts. Wenig später hielt ich ein Paket mit Platten der DDR-Gruppe Karat in den Händen - ein Geschenk von Heinrich. So sandte er für alles, was ich ihm schickte, Dinge im Tausch. Und das schätzte ich an Heinrich: nie verlangte er teuere Waren von mir, nie wurde er unverschämt. Eines Tages schenkte er mir sogar ein Abonnement mit Briefmarken aus der DDR!

Im Jahre 1988 wurde er Vater eines gesunden Mädchens, und kurz darauf heiratete er die Mutter seiner Tochter. Jedoch war dies kein Grund, mir die Freundschaft zu kündigen. Es war auch für mich kein Problem, folgender Bitte nachzukommen:
"In euren Spielwarenläden gibt es batteriebetriebene Plüschhunde, die kläffen und laufen. Kannst du mir ein solches Plüschtier für meine Tochter schicken?"

Ich besorgte das Gewünschte und sandte es Heinrich. Und selbstverständlich erhielt ich von Heinrich ein Überraschungspaket als Dank!

Oft bewunderte ich Heinrichs Offenheit über die Missstände des DDR-Systems. Und ich hoffte, dass er durch seine Ehrlichkeit keine Probleme bekäme. Dies passierte nie - jedoch wurden drei seiner Briefe an mich im Laufe unserer Brieffreundschaft "abgefangen". Nach der Wiedervereinigung las ich, dass es in der DDR kein Briefgeheimnis gab. Jeder unserer Briefe wurde gelesen, kopiert und die Kopie archiviert.

1989 war ein denkwürdiges Jahr. Der "Eiserne Vorhang" fiel - ein Ereignis, an das noch wenige Jahre vorher niemand geglaubt hatte.

Heinrich freute sich darüber. Und so viele andere mit ihm. Seine Familie erstand einen günstigen Gebrauchtwagen und kaufte von da an stets in Großmärkten im Westen ein. Vielleicht wäre nun endlich der Zeitpunkt gekommen, dass Heinrich und ich uns trafen. Jedoch überschatteten andere Ereignisse die erste Freude über die neugewonnene Freiheit der "Ossis".

Der Verlust vieler Arbeitsplätze und die ansteigenden Preise waren für viele Ostdeutsche eine herbe Enttäuschung.

Heinrichs erster Brief nach der Wende klang noch sehr optimistisch. Aber bereits im zweiten machte sich ein gewisser Frust bemerkbar. Die erhofften Erwartungen ließen sich in Ostdeutschland nur langsam erfüllen. Zu langsam für viele. Auch für Heinrich. Und ich merkte, dass er begann, mich anzuklagen. Dafür, dass ich in Westdeutschland großgeworden war. Und dafür, dass ich dadurch besser gestellt war als die Ostdeutschen nach der Wende.

Plötzlich schrieb Heinrich nicht mehr. Ich war enttäuscht. Wie hatten wir zu DDR-Zeiten geträumt, uns irgendwann einmal treffen zu können. Und was für gute Freunde waren wir zu DDR-Zeiten gewesen! Unsere Brieffreundschaft jedoch fiel der Wende zum Opfer. Noch einmal hakte ich nach, bat ihn, mir zu erzählen, warum er den Kontakt abbrechen wolle. Und ich bat ihn, mir zu schreiben, wenn es ihm besser ginge.

Aber Heinrich hat nie wieder Kontakt mit mir aufgenommen.

Unterdessen habe ich neue Freunde aus Ostdeutschland gewonnen - jedoch alle nach der Wende. Und sie alle wissen, dass Rom nicht an einem Tag erbaut wurde, dass noch viele Anstrengungen nötig sind, bis Ostdeutschland wirklich in JEDER Hinsicht Westdeutschland ebenbürtig ist.

Carolinensiel – Hafen – Juni 2005

Kirche in St. Petersburg, Russland, Juli 1993

Warum Briefkontakte enden - Teil 2

Ich besitze noch viele Fotos von Brieffreundinnen und Brieffreunden aus der ehemaligen Sowjetunion. Zuversichtlich lächeln mich die Menschen darauf an. Unser Briefkontakt brachte einige Stunden Freude in den vom Kommunismus geprägten Alltag dieser Osteuropäer - in Russland, Sibirien, Lettland, Estland, der Ukraine und anderswo.

Jeweils nur zwei bis drei Briefe gingen zwischen unseren Ländern hin und her, dann herrschte Stille. Selbst Nachhaken blieb erfolglos.

Dieselbe Erfahrung machten auch andere Briefschreiber. Der Grund für diesen plötzlichen Nachrichtenstopp war, dass Post verloren ging.

"Jeder Brief aus Deutschland wird von den Behörden geöffnet, um zu sehen, ob Geld enthalten ist", berichteten mir einige Russlanddeutsche. "Anschließend werfen die Beamten diese Briefe einfach weg. Mit unseren Bekannten in Russland telefonieren wir, oder wir schreiben E-Mails. Das ist sicherer."

Nicht nur in den Staaten der ehemaligen Sowjetunion ging Post verloren, auch andere osteuropäische Länder hatten damit Probleme. Pech für die schreibfreudigen Leute dort! Unterdessen soll die Zustellung sicherer sein, aber ich habe nicht wieder versucht, neue Kontakte dort aufzubauen.

Trabi und Jugendweihe - Briefkontakte aus der DDR - Teil 2

Margitta fand meine Adresse zu DDR-Zeiten in einer Liste mit Briefkontakten. Sie entpuppte sich als leidenschaftliche, herzliche Briefschreiberin. Jahrelang zählte sie zu meinen Favoriten. ihr und ihrer Familie konnte ich mit einigen Paketen eine große Freude bereiten. Stets schickte sie mir einige nette DDR-Artikel im Tausch. Auch für sie galt: nie unverschämt sein! Und das schätzte ich an ihr.

Ihre sechsjährige Tochter hatte mich ebenfalls in ihr Herz geschlossen. Die vollkommene Brieffreundschaft? Zu DDR-Zeiten vielleicht. Nach der Wende jedoch nicht mehr. Wir träumten in jedem Brief von offenen Grenzen und davon, uns einmal zu treffen. Wir fanden unsere Brieffreundschaft perfekt und dachten nie, dass uns jemals etwas auseinanderreißen könne.

Doch das war möglich. Durch die Wende.

Nach der Wiedervereinigung verlor Margitta ihren Arbeitsplatz in einer Schuhfabrik. Wenig später wurde auch ihr Mann arbeitslos. Und die kleine, innigst geliebte Tochter erkrankte schwer.

"Was soll ich tun?", klagte Margitta. "Unser Leben ist hoffnungslos! Das wäre uns in der DDR nie passiert! Diese blöde Wiedervereinigung - und dieser blöde Westen!"

Ratlos las ich ihre Zeilen und ermunterte sie durchzuhalten. Konnte die Politik für die Ostdeutschen von einem auf den anderen Tag Wunder vollbringen? Sicherlich würde sich die Situation bald bessern. Auch für sie und ihre Familie.

Margitta glaubte mir nicht. Sie beschloss, von nun an ihre Gedanken nicht mehr mit mir zu teilen. Unsere Freundschaft stand vor dem Ende. Die neue, ungewohnte Lage machte für sie einen Briefwechsel mit jemandem aus Westdeutschland unmöglich.

Es gelang mir nie, Margitta umzustimmen. Sie verschwand aus meinem Leben wie Heinrich.

Schwäbisch Hall an der Jagst - 1999

Warum Briefkontakte enden - Teil 3

Folgende Geschichte erzählte mir mein Brieffreund Wesley aus Australien:
"In der Nähe von Oxford in Großbritannien lebte meine Brieffreundin Mary. Kurz bevor ich meine zweite Europareise antrat, schrieb ich ihr, dass ich vorhatte, Oxford zu besuchen. Ob ich sie nicht treffen könne? Sie beantwortete zwar meinen Brief - jedoch ging sie auf meinen Vorschlag überhaupt nicht ein. Deshalb beendete ich diesen Briefwechsel."
Das klingt übertrieben, nicht wahr? Viele Leute sind allerdings sehr beleidigt, wenn ihre Briefpartner sie nicht treffen wollen und ziehen einen Schlussstrich unter diese Freundschaft.
Sprachbarrieren führen ebenso dazu, dass der eine oder andere die Lust am Schreiben verliert. Wer wälzt auch gerne stundenlang dicke Wörterbücher, um einen Brief in spanischer oder italienischer Sprache verfassen zu können? Entweder sprudeln die Worte aus der Feder, oder man verliert schnell die Lust am Korrespondieren in Fremdsprachen.
Eine Dame aus Bangladesh zeigte sich sehr unverschämt:

"Ich brauche Geld! Kannst du mir nicht einige amerikanische Dollars auf mein Konto überweisen?"

Ihre Kontonummer und die dazugehörige Bankverbindung hatte sie natürlich fein säuberlich aufnotiert. Oh nein, nicht mit mir! dachte ich. Ich bin kein Wohltätigkeitsinstitut und teilte ihr das mit. Woraufhin ich natürlich nie wieder eine Antwort von ihr erhielt.

Leuchtreklame in Hong Kong bei Tag – April 1995

Trabi und Jugendweihe - Briefkontakte aus der DDR - Teil 3

Tatjana ist die einzige meiner ehemaligen DDR-Kontakte, die mir nicht wegen der Wende die Freundschaft kündigte. Sie litt auf einmal unter allgemeiner Lustlosigkeit und ließ alle ihre Briefkontakte einfach "einschlafen".

Dabei waren ihre Briefe sehr lustig und schwungvoll. An ihr war ein humoristisches Talent verlorengegangen. Unsere Briefschlachten waren genial, witzig und originell. Wir schrieben, bis etliche Blätter gefüllt waren und uns die Finger schmerzten.

Auch Tatjana schilderte mir das DDR-System. Das jedoch war eher Nebensache, eine Randerscheinung, und sie versuchte, so gut wie mög-

75

lich damit klarzukommen. Der Mittelpunkt ihres Lebens bildeten ihre beiden Töchter und ihr Mann.

Tatjana erhielt ebenfalls Pakete von mir. Sie liebte meine abgetragenen Kleider, die aber noch einwandfrei waren und die sie auf ihre Größe abändern ließ. Die farbenfrohen Stoffe mit Blumen- oder Karomuster und anderen Motiven galten nämlich in der DDR als Sensation.

Wie erwartet, brachte die Wende für Tatjana und ihre Familie wenig Neues. Bis auf den Videorekorder und die Satellitenschüssel, die auf einmal ohne lange Wartezeiten erhältlich waren. Und einige Urlaubsreisen in Länder, die man vorher nicht bereisen durfte.

1992 luden sich Tatjana und ihr Mann selbst bei mir ein. Gemeinsam verlebten wir ein sehr unterhaltsames Wochenende in meiner winzigen Wohnung. Anschließend telefonierten die beiden noch zwei Male mit mir, ich schrieb noch einmal - aber die Antwort blieb aus. Von einer Bekannten erfuhr ich, Tatjana habe alle ihre Brieffreundschaften abgebrochen.

Aber ich bin sicher, Tatjana und ihrer Familie geht es gut.

Wandern in einer Stadt

„Sich in einer Stadt nicht zurechtfinden, heißt nicht viel. In einer Stadt sich aber zu verirren, wie man in einem Walde sich verirrt, braucht Schulung" (Zitat von Walter Benjamin).

Ich kenne London, ich habe diese Stadt schon vier Male besucht. Ich kenne die schillernden Reklametafeln am „Piccadilly Circus". Ich schritt bereits durch den Buckingham Palast, und ich weiß, wie man in London mit der U-Bahn von „Kings Cross" zum Bahnhof „Paddington Station" fährt.

Heute führt mich mein Weg aus der Innenstadt hinaus. Hinaus aus dem sprudelnden Sammelsurium von Touristen vieler Nationen, hinaus aus dem Lärm vieler Autos, die sich in der Oxford Street nur langsam vorwärts bewegen.

Ich soll in einem Hotel im Stadtteil Kensington Chris treffen. Ein guter Brieffreund aus Australien.

Mit der U-Bahn fahre ich zum Stadtteil Kensington und steige über viele Stufen ins Licht. Hier gibt es auch eine Hauptstraße mit einigen Geschäften – aber ich bemerke nicht den Trubel wie in der Innenstadt.

Der amerikanische Autor Bill Bryson hat die zahlreichen Backstein-
häuser in den Londoner Vororten mit „Produkten aus einer Salami-
fabrik" verglichen, weil sie so ähnlich aussehen. In Kensington sind die
Häuser jedoch nicht rot, sondern weiß. Genauer gesagt, in einem ge-
diegenen Weiß, denn hier wohnen offensichtlich wohlhabendere Leute.
Wurde nicht auch Prinzessin Diana nach ihrer Scheidung der Kensington Palast als Wohnsitz zuerkannt?

Ich wandere ein Stück die Hauptstraße entlang – Kensington Avenue
heißt sie und scheint unendlich lang zu sein. In die Colchester Street bie-
ge ich rechts ein – das sagt mein Stadtplan – und gerate immer mehr in
ein Viertel ähnlich aussehender weißer Häuser, meistens im viktorianischen Stil. „Britisch ordentlich" würde man sagen. Hübsche Gärten
mit leuchtendem grünen Rasen gibt es als Zugabe. Die Grashalme scheinen alle auf die gleiche Länge – Verzeihung: Kürze! – gestutzt zu sein.

Mir begegnen keine Leute. Vielleicht liegt das an dem typisch briti-
schen Wetter mit trübem Himmel. „It looks like rain" ist ein ganz
beliebter Satz der Briten. Alles wirkt verlassen – obwohl doch sichtbar
bewohnt, wie blütenweiße Gardinen, mancher Blumenschmuck an den
Fenstern und blitzblank polierte Autos am Straßenrand zeigen. Wo sind
die Londoner?

Das Hotel, in dem ich mich mit meinem Bekannten verabredet habe,
befindet sich in einer Straße, namens „Kensington Gardens". Jedoch hört
mitten in der House Street mein Stadtplan auf. Er wendet sich offensichtlich nur an solche Besucher, die die Sehenswürdigkeiten in der
Innenstadt besuchen wollen. Dass es deutsche Touristen gibt, die
australische Touristen im Stadtteil Kensington – genauer gesagt, in
Kensington Gardens – treffen wollen, wurde nicht berücksichtigt.

Ich bin auf der Suche nach einem Hotel in Kensington Gardens – im
Moment verlasse ich mich auf meinen Orientierungssinn. Doch schon oft
konnte ich darauf nicht vertrauen. Jedoch bin ich zuversichtlich. Bevor
ich andere um Hilfe bitte, probiere ich selbst, Kensington Gardens zu
finden.

Ich lese die Namen der abzweigenden Straßen – Colchester Gardens,
Colchester Garage und Colchester Avenue. Eine Fülle ähnlicher Straßennamen!

Ich laufe die „Colchester Garage" entlang und treffe weiterhin auf ge-
pflegte, schmucke weiße Häuser. Wieder empfängt mich die gleiche
Verlassenheit wie vorher – beinahe wird sie mir vertraut. Ich laufe
weiter. „Colchester Garage" mündet in „Manchester Avenue", diese

Straße mündet in „Manchester Gardens" und dahinter sehe ich schließlich die „Manchester Garage".

Ich blicke auf meine Uhr. Es ist 13.00 Uhr. Ab 13.30 Uhr wollte Chris das Hotel „British Life" in Kensington Gardens erreichen – vorausgesetzt, sein Flugzeug aus Helsinki ist bereits am Vormittag in „London Heathrow" gelandet.

Vielleicht wird es aber später – vielleicht kommt er erst abends oder nachts an. Er konnte mir in seinem letzten Brief vor seiner und meiner Abreise keine genaueren Informationen geben.

Aber nun hänge ich hier in Manchester Garage – weit entfernt oder doch nah dran an Kensington Gardens. Wer weiß? Ich weiß es nicht – befinde mich immer noch in einem Wohnviertel mit menschenleeren Straßen und Gärten. „Birmingham Avenue", „Birmingham Garage" und „Birmingham Gardens", danach „Sheffield Avenue", „Sheffield Garage" und „Sheffield Gardens". Habe ich nicht eine Brieffreundin in Sheffield? Ich lese Straßennamen, ich schaue in Gärten, ich haste durch Kensington und finde nicht das, was ich suche.

Um 14 Uhr trete ich den Rückweg in die Kensington Avenue an. Hier gibt es Läden, hier kann ich Leute nach dem richtigen Weg fragen! Ich kenne die freundlichen und hilfsbereiten Briten, die mir sicherlich Auskunft geben. Aber ich finde den Rückweg nicht mehr. Wenn ich an einer Stelle denke, hier müsse ich die Abzweigung nach rechts nehmen, gelange ich in eine Straße, deren Namen ich noch nicht gelesen habe. „Bradfield Avenue" – „Bradfield Garage" – „Bradfield Gardens" – "Manchester Avenue" – "Manchester Garage"- "Manchester Gardens" und so weiter.

Und so komme ich in dem Labyrinth der verschlungenen Straßen, der weißen viktorianischen Häuser und der ordentlichen Gärten schließlich um 15 Uhr an eine Ladenzeile. Ich beschließe, einige Postkarten zu kaufen und dann nach dem Weg zu fragen.

„Gehen Sie einfach nach rechts, dann geradeaus zur Kensington Avenue. Dort schlagen Sie den Weg nach links ein. Nein, die Colchester Street, die Mansfield Gardens und die Scotland's Avenue würde ich meiden, sondern in Norwich Gardens links einbiegen, dann nach rechts in Norwich Garage, wieder nach links in die Lincoln Avenue, dann nach rechts in die Lowestuft Garage, weiterhin geradeaus in die Winchester Avenue bis zum Manchester Place, und schon gelangen Sie, wenn Sie rechts abbiegen, direkt nach Kensington Gardens", erklärt mir die freundliche Dame, die ein englisches Pfund für meine fünf Postkarten kassieren will. Ein stolzer Preis für fünf ‚normale' Ansichtskarten – aber nicht zuviel Geld für die wertvolle Information. Die Information, wie ich endlich nach Kensington Gardens gelange.

Das Hotel finde ich schnell, und ich wundere mich, warum ich mich verirren konnte. Auf einmal schien alles klarer und übersichtlicher – die Häuser, die Straßen, der Weg. Verspätet habe ich mich nicht – genau um 15.30 Uhr erreiche ich das einfache, große Hotel. Chris aus Australien ist noch nicht eingetroffen. Ich warte geduldig in der Hotelhalle, lese ein Buch und schrecke bei jedem Reisenden hoch, der das Hotel betritt.

Es dauert noch fünf Stunden, bis Chris kommt.

Sydney – Blick auf Harbour Bridge und Hafen – April 1995

Den Partner fürs Leben durch Briefkontakte?

Kontaktanzeigen oder Partnervermittlungen? Viele Leute schrecken davor zurück. Warum nicht unverbindlich über einen Briefkontakt den Partner fürs Leben finden? Was zuerst als nette Brieffreundschaft beginnt, kann vielleicht irgendwann einmal gemeinsames Lebensglück bedeuten.

Mancher jedoch blättert schon in konkreter Absicht durch ein Kontakt-magazin. Und so stößt man auch dort auf einige zweideutige Anzeigen. Zum Beispiel so manche Dame aus einem ärmeren Land, die schreibt: "Wünsche mir netten und romantischen Briefwechsel mit Herren aus der Schweiz oder Deutschland. Späteres Kennenlernen nicht ausgeschlos-sen."

Oder: "Ich suche einen Mann zwischen 28 und 50 Jahren für eine ernst-hafte Beziehung und Treffen. Er sollte freigiebig, finanziell gutgestellt, aufrichtig sein und aus Europa, den Vereinigten Staaten oder Kanada stammen."

Natürlich sind auch manche Herren nicht um mehrdeutige Formulie-rungen verlegen:

"Suche eine Dame aus Europa, Alter: 20 bis 40, für Korrespondenz, Freundschaft. Hobbys: Sport, lesen, reisen etc. Mein Herz erwartet dich!"

Bitte verwechselt diese Anzeigen in Kontaktmagazinen nicht mit den Diensten professioneller Partnervermittlungsinstitute. Die Kontaktmaga-zine für Brieffreunde und Tauschpartner heben klar hervor, dass sie keine Heiratsvermittlungsinstitute sind! Sollte sich durch einen solchen Kontakt jedoch einmal eine engere Partnerschaft ergeben, so ist das eine "nette Begleiterscheinung". So wie bei Auguste P. zum Beispiel, die mir folgendes erzählte:

"Es begann nach dem Krieg. Wir Mädchen in Ostdeutschland erhielten damals Adressen von jungen Soldaten, die einen Briefwechsel suchten. So geriet ich an Josefs Adresse. Wir schrieben, und wir begannen, uns zu mögen. Nach acht Wochen besuchte er mich. Wir fanden uns sym-pathisch. Immer wieder trafen wir uns, bis ich dann schließlich ganz in seine Heimatstadt zog und wir heirateten. Heute haben wir acht Kinder und zahlreiche Enkel."

Georg H. fand die Adresse der Brasilianerin Elke in einem Kontakt-magazin:

"Suche Briefwechsel weltweit. Wer schreibt?"

Eine Anzeige wie viele. Georg fand sie ansprechend und schrieb. Die Antwort aus Brasilien kam prompt:

"Hallo Georg. Vielen Dank für deine Zeilen. Natürlich möchte ich deine Brieffreundin sein, und ich hoffe, dass wir uns viele Jahre schreiben werden."

Nach zwei Briefen tauschten Elke und Georg Fotos aus. Georg gefiel, was er sah. Elke wirkte nicht nur in ihren Briefen sympathisch, sondern auch als Frau.

Nach einigen Monaten fragte Georg Elke, ob er sic nicht einmal in Brasilien besuchen könne.

"Ich werde auch nicht aufdringlich sein - Ehrenwort!", versprach er. "Und ich erwarte nicht, dass deine Familie und du mir Unterkunft gewährt. Vielleicht kannst du mir helfen, ein Hotelzimmer ganz in deiner Nähe zu finden?"

"Es kommt gar nicht in Frage, dass du in einem Hotel wohnst", antwortete Elke entschieden. "Natürlich bist du unser Gast, solange du willst!"

Und so flog Georg nach Brasilien und traf Elke. "Es ist ein unbeschreibliches Gefühl, wenn man der Person, der man eine Zeitlang geschrieben hat, plötzlich gegenübersteht!", schilderte er begeistert seine Erlebnisse. Das Treffen war ein voller Erfolg. Die Sympathie, die durch die Briefe bereits entstanden war, vertiefte sich noch mehr. Und der berühmte "Funke" sprang über!

Mit gemischten Gefühlen flog Georg wieder nach Deutschland zurück - und nach sechs Monaten heiratete er Elke. Die beiden sind immer noch glücklich verheiratet - auch Nachwuchs stellte sich ein.

"Am Anfang litt ich unter starkem Heimweh", erinnerte sich Elke. "Vor allem, weil ich die deutsche Sprache nicht beherrschte. Im Laufe der Zeit jedoch habe ich deutsch gelernt."

Und so gelang es ihr, sich in Deutschland heimisch zu fühlen. Heute ist sie Hausfrau, kümmert sich um ihre Kinder und ist glücklich.

Marlen

Marlen war eine Empfehlung meines Brieffreundes Pascal aus Nizza. Deswegen, weil sie Deutsche war, deswegen weil er sie kannte – auch schon persönlich. Deswegen weil sie französisch sprach, aber nicht so gut wie ich. Vielleicht konnte der Briefwechsel mit mir ihr helfen, ihr Französisch aufzupolieren?

Wir probierten es. Pascal gab ihr meine Adresse, und ich schrieb ihr. Sie schrieb mir kurz zurück. Wegen diverser Alltagsprobleme könne sie nur kurz schreiben – aber vielleicht könne man auch per E-Mail in Kontakt bleiben?

Ihr nächster Brief klang vielversprechend:

„Hallo Adelheid,

zuerst mal vielen Dank für deinen ausführlichen Brief. Für so etwas fehlt mir immer die Ruhe. Auch ich war schon mal in Davos (Anmerkung: ich hatte im Sommer 2004 einige Tage in Davos in der Schweiz verbracht und Marlen darüber berichtet), kann mich aber nur vage daran erinnern. Die Schweiz ist ein wunderbarer Fleck auf der Erde. Am besten gefällt mir die Gegend am Genfer See.

Pascal hat mir nichts über dich geschrieben. Zumindest ist es schon ziemlich lange her, sodass ich es vielleicht vergessen habe.

Es war ganz nett als Pascale und Arlette, seine Freundin, hier waren. Er wird dir wahrscheinlich geschrieben haben, was wir alles gemacht haben. Das einzige Problem mit ihm ist: Er kann und will auch nicht laufen. Da ist er wirklich wie ein kleines Kind. Man kann zu Fuß nichts besichtigen, selbst eine wirklich kurze Strecke von etwa 200 Metern kommt ihm wie zwei Kilometer vor, und es gibt Ärger. In Kempten war es schlimm, mit ihm zu laufen, obwohl ich immer wieder die nächste Bank anpeilte. In München ging es, da wir schon am Bahnhof die Rolltreppe nahmen, dann die U-Bahn, dann ein paar Meter in der Fußgängerzone liefen. Anschließend nahmen wir gleich den Bus für eine Stadtrundfahrt, danach den Zug nach Hause. Ich war wirklich froh, dass dieser Tag reibungslos verlief. Doch, wie gesagt, das war das einzige Problem. Sie sind beide sehr nett. Wie lange schreibst du ihm schon?

Du erzählst so schön von deinen Schwestern... Ich hätte gerne eine, doch leider habe ich keine Geschwister. Deswegen wollte ich drei Kinder. Leider macht mir der Mittlere große Sorgen. Mit Ruben, dem Jüngsten, habe ich nicht so viel Kontakt, obwohl er als Kind sehr an mir hing. Ich weiß nicht, was er hat, und ich komme sehr schlecht an ihn ran. Das tut mir weh.

Meine Kurzreisen ins Elsass und nach Immenstadt waren recht schön.

Meine Brieffreundin aus Paris möchte nach Lille ziehen. In der Umgebung von Immenstadt bin ich mit meiner Brieffreundin aus Rostock ziemlich viel gewandert. Es war sehr schön, obwohl ich es nicht gewohnt bin. Ich fahre lieber Fahrrad.

Davos-Monstein, Schweiz, September 1994

Vorgestern Abend legte ich mich auf die Couch und sah meinen fünf Katzenbabys beim Spielen zu. Nach einer Stunde wollte ich aufstehen, doch es ging nicht. Ich hatte wahnsinnige Schmerzen im Knöchel.

Gestern war ich beim Orthopäden, man sieht nichts auf dem Röntgenbild...komisch. Heute geht es etwas besser. Wir fahren am Montag nach Rust in den Europa-Park (mein Mann, mein Sohn Peter und meine Enkelin Simone) Ich hoffe nur, dass ich bis dahin fit bin. Fast immer, wenn ich mir was vornehme, wird mir ein Strich durch die Rechnung gemacht.

Ach ja, noch was, was ich dir sagen will, vielleicht gibt es so etwas bei euch auch:

Hier in Kempten und auch in München gibt es einen Stammtisch, sozusagen ein "table ronde" (runder Tisch) für Leute, Franzosen oder Deutsche, die zusammen sprechen wollen, meist französisch. Das wäre doch auch was für dich, oder? Ab und zu gehe ich dorthin, meistens nach München, da mir die Leute dort besser gefallen.

So, für heute mache ich Schluss und hoffe, dass diese Mail bei dir ankommt. Ich freue mich auf ein paar Zeilen von dir.

Liebe Grüße – Marlen".

Das Antwortschreiben erhielt Marlen von mir – sogar mailte ich ihr mehrmals. Aber sie hat nie wieder darauf reagiert.

Aus Zeitgründen – so erzählte mir Pascal in einem späteren Brief – macht sie sich gerade generell rar bei ihren Briefkontakten.

Verbotene Stadt, Peking – März 2007

Ein Lächeln in der U-Bahn

"Könntest du nicht für mich einen Brief ins Französische übersetzen?", fragte mich meine Freundin Miriam eines Tages. "Stell' dir vor, ich habe eine Französin in der U-Bahn kennen gelernt - wir haben uns angelächelt! Gerne würde ich ihr schreiben, aber ich beherrsche die Sprache nicht. Kannst du mir helfen?"

Ich konnte. Und lebhaft versuchte ich, mir Miriam in einer der überfüllten Pariser U-Bahnen vorzustellen. Feierabendverkehr. Nassgeschwitzte Körper pressen sich aneinander, die Stehenden klammern sich an die Haltegriffe, die Sitzenden halten ihre Handtaschen umklammert. Miriam sucht einen freien Platz. Eine Dame steigt aus. Die Französin auf dem Sitz gegenüber sieht die durch den Waggon taumelnde Miriam und macht mit Gesten deutlich, dass der Sitz frei sei. Sie lächelt.

Miriam lässt sich erleichtert auf den freien Platz fallen. Um Worte ist sie nie verlegen - auch nicht in einem fremden Land, dessen Sprache sie nicht beherrscht. Sie mustert ihr Gegenüber, eine adrette Frau in einem blau-grau karierten Kostüm, ungefähr 45 Jahre alt. Die Französin und Miriam beginnen, sich zu unterhalten. Man fuchtelt mit den Händen, Wortfetzen fliegen durch die Luft - und zum Schluss werden Adressen ausgetauscht. Beide Damen finden sich sympathisch - warum nicht in Kontakt bleiben?

Mit meiner Hilfe war es möglich. Ich übersetzte Miriams Briefe ins Französische und die Briefe aus Frankreich ins Deutsche. Briefe gingen zwischen Paris und Chipdrive-Extern, dem Dorf, in dem Miriam wohnte hin und her. Die Kommunikation klappte hervorragend. Bis Miriam plötzlich von vielen Problemen überrascht wurde und keine Zeit mehr zum Schreiben fand.

Mir tat Madeleine aus Paris leid. Bestimmt wartete sie bereits ungeduldig auf Miriams Antwort. Und vielleicht dachte sie, Miriam sei etwas zugestoßen.

"Kannst du mir Madeleines Adresse geben?", bat ich Miriam. "Ich will ihr weiterhin schreiben."

Miriam jedoch hatte die Adresse verlegt. Man soll nie aufgeben - eines Tages kam der ersehnte Geistesblitz, und Miriam förderte die Adresse aus einem alten Adressbuch zutage. Ich schrieb und erhielt Antwort von Madeleine. Noch heute pflegen wir einen sehr guten Briefkontakt. Was doch aus einem Lächeln in der U-Bahn alles entstehen kann!

Schlaganfall in Montreal

Gerlinde erlitt einen Schlaganfall mit 34 Jahren - ganz plötzlich. Nur, weil sie wegen ihrer Migräne beim Chiropraktiker war. Gerlinde, eine unternehmungslustige, junge Frau, die mit einem Kanadier befreundet war.

"Hallo du", schrieb sie mir eines Tages. "Ich stamme aus der Schweiz und lebe in Kanada. Hättest du nicht Lust, mit mir einen Briefwechsel zu starten?"

"Ja, klar!", antwortete ich. "Du bist meine erste Brieffreundin aus Kanada. Aber verrate mir einmal: Wie kommst du überhaupt dorthin?"

"Eineinhalb Jahre arbeitete ich in Montreal als Au-Pair-Mädchen - und später absolvierte ich eine Ausbildung zur Touristikfachfrau", erklärte mir Gerlinde. "Außerdem ist mein Freund Kanadier. Wir leben zusammen."

Ein abwechslungsreicher Briefwechsel mit der blondgelockten, immer gutgelaunten Gerlinde begann. Sie arbeitete einmal bei einer Fluggesellschaft, dann wieder als Babysitter. Und ständig wusste sie viel zu erzählen - wenn sie nicht gerade mit ihrem Freund durch Kanada und die USA reiste und überhaupt keine Zeit zum Schreiben hatte. Beinahe wurde sie selbst zur Kanadierin.

Leider traf ich Gerlinde nie. Auch nicht, als sie mit ihrem Freund zwei Jahre in die Schweiz zog. Trotz einiger Probleme nahm Gerlinde das Leben leicht und locker - nach dem Motto: "Irgendwie geht es immer weiter!" Ihr Leben lief so beschwingt und spontan ab, wie sie selbst. Ich bewunderte ihren "Canadian Way of Life" - die sorglose Art und Weise der Kanadier, Probleme anzupacken.

Gerlinde kehrte nach Kanada zurück und schrieb mir immer noch. Bis ich eines Tages nichts mehr von ihr hörte und bei anderen Freunden nachhakte, ob sie Neuigkeiten von Gerlinde wüssten. Aber niemand konnte mir weiterhelfen. Bis ich die glorreiche Idee hatte, mich an ihre Eltern zu wenden. Und endlich antwortete mir Gerlindes Mutter:

"Natürlich möchte ich Ihnen nicht vorenthalten, was Gerlinde passiert ist. Im Juni 1993 suchte sie wegen starker Kopfschmerzen einen Chiropraktiker auf. Ein Arztbesuch wie so viele - jedoch mit verhängnisvollen Folgen für Gerlinde. Als der Arzt versuchte, ihre Knochen einzurenken, um den Kopfschmerz zu heilen, machte er einen Fehler. Ein falscher Griff - und plötzlich lag Gerlinde im Koma. Sofort lieferte man sie ins Krankenhaus ein, sie lag eine Woche auf der Intensivstation - es ging um

Leben und Tod ... Sie hatte einen Schlaganfall erlitten und weilte insgesamt zwei Monate in der Klinik."

Für ihren Freund und ihre Familie begann eine harte Zeit. Die Eltern flogen mehrere Male nach Kanada, um Gerlinde Beistand zu leisten. Die Therapie in einer Rehabilitationsklinik war zum Glück sehr erfolgreich - Gerlinde lernte wieder sprechen, lesen und laufen. Jedoch machte ihr Erinnerungsvermögen nur langsam Fortschritte. Gerlinde hatte viel vergessen und konnte sich nur so nach und nach wieder erinnern.

"Inzwischen holt ihr Freund sie abends heim. Jeden Morgen fährt er sie wieder in die Klinik. Er kümmert sich wirklich rührend um sie", schloss der Brief von Gerlindes Mutter. "Aber hätten Sie nicht Lust, wieder mit Gerlinde Kontakt aufzunehmen?"

Einige Male schrieb ich Gerlinde wieder. Und sie erinnerte sich noch an mich. Jedoch gelang es uns nicht mehr, einen regelmäßigen Briefwechsel in Gang zu bringen. Gerlinde hat sich soweit wieder erholt und nimmt am täglichen Leben teil. Aber alle ihre Briefkontakte hat sie abgebrochen.

Palmen und Hochhäuser am Hafen in Sydney – Juli 1997

Goethe und Taiwan

Die Sonne warf ihr warmes Licht über die reizvolle mittelalterliche Kreisstadt Schwäbisch Hall und tauchte die Fachwerkhäuser in einen goldenen Schein. Das Wetter war gerade richtig für das Sommerfest am dortigen Goethe-Institut, einem altehrwürdigen Gebäude in der historischen Innenstadt.

Goethe-Institute sind Einrichtungen, in denen Menschen aller Nationalitäten die deutsche Sprache erlernen können. Die Qualität dieser Studien gilt weltweit als besonders gut. Die Kurse dauern mehrere Monate.

Im August 1994 besuchte ich das dortige Sommerfest mit einigen Bekannten. Bei diesem Fest können besonders begabte oder kreative Kursteilnehmer auf einer Bühne ihr Können zeigen. Eine Koreanerin jodelt so perfekt wie Maria Hellwig, eine Japanerin klimpert Schubert-Sonaten auf dem Klavier, ein Pole und zwei Italiener spielen ein Instrumentalstück von Alan Parsons und so weiter.

Die zwanglose nette Atmosphäre gefiel uns. Japaner schunkelten, Koreaner lachten, und die Spanier prosteten sich mit einem Glas Bier zu. Zahlreiche Besucher aus der Hohenloher Gegend genossen den Abend ebenfalls.

Im Hof waren viele Tische und Bänke aufgestellt. An cinigen Ständen konnte man die Köstlichkeiten verschiedener Länder probieren - alle zubereitet von den Teilnehmern an den Sprachkursen des Goethe-Institutes.

Als sich pechschwarze Dunkelheit über das Land senkte, erleuchteten Hunderte von kleinen Lämpchen wie Glühwürmchen den Hof. Das verlieh dem Sommerfest eine besonders romantische Note.

So hätte es bleiben können, aber ein starkes Gewitter zerstörte die schöne Atmosphäre jäh. Regentropfen klatschten mit Wucht auf die Bänke, Blitze zuckten und Donner rollten. Ein Teil der Besucher flüchtete wie aufgescheuchte Hühner ins Gebäude, andere rannten zu ihren Autos und fuhren nach Hause.

Mich hatte es ins Gebäude verschlagen, wo ich meine Handtasche an mich presste und nach einer Sitzgelegenheit Ausschau hielt. Schließlich setzte ich mich auf die Treppe und studierte das Programm des Sommerfestes. Wie schade, dass diese zarte Freiluftatmosphäre so plötzlich zerrissen worden war!

Eine Asiatin beugte sich über mich. "Was lesen Sie da?"

Ich zeigte ihr das Programm, und wir begannen ein Gespräch. Lucy Zheng hieß sie, stammte aus Taiwan und hatte vor eineinhalb Jahren begonnen, in ihrem Heimatland die deutsche Sprache zu erlernen. Am Goethe-Institut studierte sie seit drei Monaten.

Erst eineinhalb Jahre Deutschunterricht? Ich war schwer beeindruckt. Lucy besaß hervorragende Kenntnisse in Deutsch, sprach beinahe akzentfrei und verstand mich sehr gut.

Unsere Unterhaltung gefiel uns beiden. Lucy erzählte mir freimütig über Taiwan und ihr Leben dort. Fasziniert lauschte ich. Auch versuchte ich, ihre Fragen über Deutschland und die Deutschen zu beantworten. Zum Beispiel:

"Was halten die Deutschen vom Auto? Wir sollen einen Hausaufsatz darüber schreiben. Mir fällt aber nichts zu diesem Thema ein!"

Kein Problem für mich! Ich half ihr auf die Sprünge:

"Des Deutschen liebstes 'Kind' ist sein Auto . Ein Auto ist oft ein Vorzeige-Objekt, das gehegt und gepflegt wird. Du solltest an einem Samstagnachmittag durch die Wohnviertel schlendern. Da kannst du vielen Deutschen beim Autowaschen zusehen!"

"Wirklich?" Jetzt war sie erstaunt. Aber mein Vortrag genügte ihr. Noch vor dem Zubettgehen würde sie sich in ihr enges Zimmerchen im Studentenwohnheim setzen und das zu Papier bringen, was ich ihr gesagt hatte.

Unterdessen hatte das Gewitter aufgehört, und ich beschloss, meine Bekannten zu suchen. Glänzend und nass starrten mir die verwaisten Tische und Bänke draußen entgegen. Die ganze Atmosphäre war verdorben. Dagegen herrschte im Speisesaal eine Riesenstimmung: Die afrikanische Band, die bei schönem Wetter draußen hätte spielen sollen, heizte vielen Besuchern kräftig ein.

Meine Bekannten erspähte ich bald. Biertrinkend lehnten sie an einer Wand vor dem Speisesaal und wollten noch mindestens eine halbe Stunde bei dem Fest ausharren. Lucy ging mir nicht aus dem Sinn, und so machte ich mich auf die Suche nach ihr. Auf der Treppe fand ich sie nicht, jedoch in der Nähe der Bibliothek. Dorthin hatte sie sich zum Schutz gegen den Geräuschpegel zurückgezogen. Sie schien sichtlich erfreut, mich zu sehen. Wir setzten unsere Unterhaltung fort.

"Manchmal fühle ich mich hier einsam", gestand sie mir. "Oft bin ich nur mit Leuten aus meinem Land oder einigen Japanern und Koreanern zusammen. Aber eigentlich würde ich gerne Deutsche kennen lernen." Die Einheimischen im Café oder an sonstigen Treffpunkten anzusprechen - das getrauten sich Lucy und die meisten Sprachkursteilnehmer nicht.

Die Uhr zeigte 22.20 Uhr - Lucy musste sich auf den Weg zur Bushaltestelle machen. Ein Bus würde sie in ihr Studentenwohnheim bringen. Jedoch wollte ich meine neugewonnene Freundin nicht einfach so ziehen lassen. Ich gab ihr meine Adresse, und sie versprach, mir zu schreiben.

Tatsächlich flatterten drei Briefe zwischen uns hin und her - Lucy berichtete mir erfreut, mit welch gutem Ergebnis sie ihre Studien in Schwäbisch Hall abgeschlossen hatte. Sie wolle nun in Taiwan studieren. Aber unser Briefkontakt endete wie so viele - er brach ab. Und so habe ich nie wieder von Lucy gehört.

Ein Paket voller Müll für nur 25 Euro

Wie würdet ihr reagieren, wenn euch ein Freund oder eine Freundin ein Paket mit Dingen schickt, die ihr nicht wollt, und euch bittet, diese Dinge zu bezahlen? Ganz schön unverschämt, diese Bitte, nicht wahr?

Ich erlebte dies mit Kerstin aus Osnabrück. Dabei fing unser Briefwechsel doch so freundschaftlich an! An einem kalten Februartag zog ich ihren ersten Brief aus dem Kasten.

"Hallo, ich bin Kerstin und suche Briefkontakte aus deiner Gegend", schrieb sie. "Hast du nicht Lust, mir zu schreiben?"

Der Brief gefiel mir, und so begann eine aufregende Korrespondenz. Nachrichten flogen zwischen Crailsheim und Osnabrück hin und her. Bis sie mich eines Tages aus heiterem Himmel kritisierte:

"Ich will zwar lange Briefe schreiben, aber deine sind zu lang. Immerhin studiere ich ja noch. Wie soll ich auf deine langen Briefe also antworten?"

Ich verstand sie und schrieb von da an kürzere Briefe. Das jedoch passte ihr ebenfalls nicht:

"Du bist leider nicht mehr die nette Brieffreundin, der ich zu Anfang unseres Kontaktes schrieb!"

Komischerweise hatte nur sie etwas an mir auszusetzen. Meine anderen Briefkontakte konnten keinerlei negative Veränderungen an mir feststellen.

An einem Mittwoch im Frühling erhielt ich ein unerwartetes Paket von Kerstin. Was schickte sie mir wohl? Ein Geschenk? Mein Geburtstag lag doch bereits Monate zurück! Über den Haufen "Klimbim", den das Paket enthielt, war ich eher schockiert als begeistert: Alte Bücher fanden sich neben Teedosen, Radiergummis und sonstigen kleinen unnötigen Gegenständen. Was sollte ich mit diesen Dingen anfangen?

Die Lösung fand sich in Kerstins beiliegendem Brief:

"Du liest doch gerne. Als ich kürzlich meinen Schrank ausmistete, stieß ich auf diese Bücher. Für den Spottpreis von 120 Euro kannst du alle Bücher zusammen mit den anderen Sachen käuflich erwerben. Überweise den Betrag bitte auf mein Konto 123kxe574 bei der Osnabrücker X-Bank."

Sprachlos starrte ich auf die Zeilen und schickte ihr aber dann den ganzen Krempel zurück. Ich hätte an den ganzen Sachen kein Interesse, schrieb ich.

Sie schien mir diese Ablehnung nicht übel zu nehmen, aber nach zwei weiteren Briefen platzte wieder eine Sendung ungewollt in meinen friedlichen Alltag. Jetzt hatte ich endgültig die Nase gestrichen voll! War ich ein Aufkaufinstitut für Kerstins alte ausrangierte Sachen? Ich schickte das Paket postwendend an Kerstin zurück.

Leider kam das Päckchen nie an. Ging es bei der Post verloren? Davon ahnte ich wochenlang nichts und hörte auch nichts mehr von Kerstin. Deswegen hakte ich beunruhigt nach:

"Dein Päckchen sandte ich vor vier Wochen an dich zurück. Hast du es nicht bekommen?"

Kerstin reagierte sehr überrascht:

"Nein - dieses Päckchen traf nie bei mir ein!"

Ich war wie vor den Kopf geschlagen und stellte bereits am nächsten Tag einen Nachforschungsantrag. Die Post behandelte diesen äußerst interesselos, und zwei Wochen später erhielt ich den Bescheid, dass das Päckchen leider endgültig verloren sei. Und, da Päckchen nicht versichert seien, hätte ich keinerlei Anspruch auf Entschädigung.

Das klang wie eine Ohrfeige. Ich gab Kerstin Bescheid, und wir legten in beiderseitigem Einverständnis die Brieffreundschaft erst einmal auf Eis.

Die Zeit verstrich, und ich begann, Kerstin und ihre Überraschungssendungen zu vergessen. Jedoch sechs Monate nach dem Verlust des Päckchens erwartete mich wieder ein Paket von Kerstin! Beinahe traf mich der Schlag - was sollte das eigentlich? Das Paket war bereits beschädigt, und jede Menge Krempel starrte mir entgegen. Alte Radiergummis räkelten sich neben abgebrochenen Bleistiften und kaputten Teedosen. Dazwischen fand sich Literatur, die mich absolut nicht vom Hocker riss. Ich stöhnte, als ich Kerstins scheinheiliges Schreiben überflog:

"Hallo - hast du nicht wieder Lust, mir zu schreiben? Und hier sind wieder ein paar extra schöne Sachen für dich! Für nur 25 Euro auf mein Konto 123kxe574 bei der Osnabrücker X-Bank wirst du stolze Besitzerin dieser wunderbaren Gegenstände!"

Nein, wirklich - was sollte ich mit diesem Krempel anfangen? Sollte ich aus purer Nächstenliebe Dinge kaufen, die nur Futter für meinen Abfalleimer darstellten? Das konnte mir wirklich niemand zumuten! Wieder stopfte ich also das Gerümpel in einen wattierten Umschlag und sandte Kerstin den ganzen "Segen" wieder zurück - diesmal so, dass sie das Porto dafür entrichten musste.

Rechtlich gesehen - laut dem Bürgerlichen Gesetzbuch - hätte ich diese Dinge sogar ohne Bezahlung behalten können, aber das ersparte ich mir. Denn, wer Leuten Waren zuschickt, die diese nicht bestellt haben, und auf eine Bezahlung drängt, sollte nicht damit rechnen - die Leute haben das Recht dazu, solche Dinge ohne Bezahlung zu behalten!

Kerstins Antwort ließ nicht lange auf sich warten. Ich bin nun einmal kein Wohltätigkeitsinstitut, und ihr Abschiedsbrief war gespickt mit bitteren Vorwürfen über meine christliche Nächstenliebe, die doch angeblich nicht vorhanden sei. Ich jedoch fühlte mich im Recht und gar nicht unchristlich - meiner Meinung nach wollte Kerstin meine Gutmütigkeit ausnützen. Und das war ihr einfach nicht geglückt!

Verbotene Stadt, Peking – März 2007

chinesisches Teehaus im Yu-Garten in Shanghai – März 2007

Slams

Über FBs bin ich zu Slams gekommen und habe viele nette Freundschaften dadurch geknüpft. Man erinnere sich: Slams sind FBs mit
Fragen. Auf der ersten Seite steht, für wen das Slam gestartet wurde und
von wem, auf der zweiten Frage dürfen sich die Teilnehmer mit Namen
und Adresse eintragen – und auf den folgenden Seiten werden Fragen
beantwortet. Das sind dann so genannte „Fragen-Slams".

Aber es gibt auch „Unterschreibe-Slams", die auf Englisch „Sign-In-
Slams" heißen. Sie funktionieren nach dem Motto: „Unterschreibe, wenn
folgendes auf dich zutrifft" oder „Unterschreibe, wenn du heute folgendes schon gemacht hast". Und dann wird Seite für Seite aufgezählt, was
man heute schon gemacht haben könnte. Zum Beispiel geduscht oder die
Fenster geputzt oder beim Arzt gewesen oder sonst was. Der Fantasie
sind keine Grenzen gesetzt. Man kann viele Dinge finden, für die man
unterschreiben kann. Auch: „unterschreibe bei den Büchern, die du lesen

würdest", „unterschreibe bei den Gerichten, die du essen würdest" und so weiter.

Es gibt Mix-Max-Slams. Hier sind auf jeder Seite verschiedene Aufgaben gestellt – zum Beispiel „nenne zehn europäische Städte" oder auch „Klebe ein Foto ein". Dieses Mix-Max-Slam ist eine Kombination aus mehreren Slamsorten, und die interessierten Teilnehmer können an einer – aber auch manchmal an mehreren Aufgaben teilnehmen.

Es gibt Aufgaben-Slams. Hier erfüllt ein Teilnehmer eine Aufgabe, die ihm in dem Slam gestellt wurde, und stellt dem nächsten Teilnehmer eine neue Aufgabe.

Es gibt Foto-Slams. Hier sollten die Teilnehmer Fotos einkleben und auch schreiben, wer oder was auf den Fotos zu sehen ist. Foto-Slams gehören zu den beliebtesten Slamarten (denn wer sieht nicht gerne mal andere Slamswapper und/oder deren Verwandtschaft oder Freunde auf Fotos?) – neben Fragen- und Unterschreibe-Slams.

Es gibt auch die Möglichkeit, extra lange Fragen- und Unterschreibe-Slams zu basteln – solche Slams werden dann als „XXL-Slams" bezeichnet (man bastelt sie meistens aus Schreibheften, die man unter „Schulbedarf" im Handel findet). Es gibt Leute unter den Swappern, die sich nur auf XXL-Slams spezialisiert haben und nur noch solche Slams bekommen wollen.

Es gibt „Liste-10-Slams". Hier erfüllt der Teilnehmer eine der gestellten Aufgaben – und listet zum Beispiel zehn Flüsse oder zehn Städte oder zehn Länder in Europa oder zehn Mädchennamen oder andere gewünschte Dinge.

Es gibt Stadt-Land-Fluss-Slams. Die Aufgabenstellung ist zum Beispiel: „Nimm den zweiten Buchstaben deines Wohnortes" oder „Nimm den vierten Buchstaben deines Vornamens" oder „Nimm den fünften Buchstaben deines Wohnortes". Es gibt natürlich beliebig andere Möglichkeiten, irgendwelche Buchstaben aus den persönlichen Daten der Teilnehmer zu nehmen – der Fantasie sind hier keine Grenzen gesetzt. Der gesuchte Buchstabe muss als Anfangsbuchstabe, wie bei dem schon bekannten „Stadt-Land-Fluss-Spiel", verwendet werden. Nun soll man eine Stadt, ein Land, einen Beruf, einen Mädchennamen, eine Pflanze und andere Dinge mit diesem Anfangsbuchstaben gefunden werden.

So genannte „Fun-Slams" vereinigen Aufgaben, wie „dekoriere diese Seite, wie du willst" oder „klebe ein Foto ein" mit Sende- und Bastel-Aufgaben, zum Beispiel „bastle ein XXL-Slam für die Person, für die dieses Slam gestartet wurde" oder auch „sende zehn Slams an die Person, die dieses Slam gebastelt hat".

Gedichte-Slams sind für Poesieliebhaber gedacht. Die Teilnehmer dürfen hier Gedichte oder auch Sprüche in ein Slam schreiben.

In Rezepte-Slams klebt oder schreibt man Rezepte ein.

Wer ein Geburtstags-Slam bekommt, gratuliert der Person, für die dieses Slam gestartet wurde und dekoriert seinen Eintrag noch, damit er besonders schön aussieht. Geburtstags-Slams sollten kurz vor dem Geburtstag der Person, für die es gestartet wurde, zurückgesandt werden.

In Bon-Slams klebt man Kassenbons/Kassenzettel ein.

In Sticker-Slams klebt man Sticker, also bunte Aufkleber, ein.

„XXL-Variations-Slams" sind Schulhefte, die mehrere Slamarten vereinigen – zum Beispiel kann man hier für eine Person ein Fragen-Slam, ein Sticker-Slam, ein Unterschreibe-Slam, ein Fun-Slam und andere Slamsorten in einem einzigen Heft starten.

Natürlich werden auch immer wieder andere Slams erfunden – die deutschen Slamliebhaber haben hier eine ganz große Fantasie. Da unterdessen viele Slamswapper in Gruppen im Internet Mitglieder sind, in der sie Fragen und Informationen rund um ihr Hobby erörtern können, gibt es auch die Möglichkeit, über neue „Slamsorten", die noch nicht sehr bekannt sind, Informationen zu bekommen.

Wer Slams tauscht, tauscht oftmals auch „Bags". Das sind Briefumschläge, die für eine Person gestartet werden und in die jeder Teilnehmer eine Überraschung oder eine Ansichtskarte oder einen Bogen Briefpapier, ein Rezept oder einen Notizzettel hereinlegt – oder andere gewünschte Dinge. Seit neuestem gibt es auch „Teebeutel-Bags". Jede Person, die solch ein Bag erhält, legt einen Teebeutel rein und trägt sich mit Namen und Adresse auf dem Bag ein – und die Person, für die das Bag gestartet wurde, bekommt zum Schluss einige Teesorten, die sie probieren kann.

Ich habe durch Slams Freundschaften geknüpft, ich habe viele „Slamswapper" – so nennt man die Leute, die Slams signieren und sie an andere „Slamliebhaber" weitersenden, bis sie voll sind und an den Inhaber zurückgeschickt werden können – kennen gelernt. Freundschaften in ganz Deutschland, Freunde, mit denen ich mich immer wieder treffe. Wir veranstalten Slamtreffen – im Norden, im Süden, im Westen und im Osten Deutschlands. Jeder, der Slams mag, kann ein solches Treffen organisieren. Unterdessen tauschen wir uns auch per E-Mail aus, wir sind in Gruppen im Internet „organisiert", in denen wir uns über bevorstehende Treffen und über alle Fragen und Angelegenheiten rund um Slams austauschen.

So sieht ein extralanges Slam aus

Auf der ersten Seite findet man gewöhnlich den Namen und die Adresse der Person, für die das Slam gestartet wurde, und den Namen und die Anschrift der Person, die das Slam startete. Die Person, die das Slam startete, schickt es weiter an eine dritte Person, die bereit ist, auf die darin gestellten Fragen zu antworten. Wenn das erledigt ist, wird das Slam an eine vierte Person geschickt, die ihrerseits auf die Fragen antwortet und ihre Antworten unter die Antworten der dritten Person schreibt. Die vierte Person schickt das Slam dann an eine fünfte Person – und so weiter. Wenn in dem Slam kein Platz mehr ist, damit sich eine weitere Person eintragen kann, wird das nun volle Slam an die Person, für die es gestartet wurde, zurückgeschickt.

Zusätzlich zu dem Namen und der Anschrift kann man noch eintragen, an welchem Tag man das Slam signiert, welches Wetter am „Slamsigniertag" herrscht, welche Laune man gerade hat, wie alt man ist – und ob man Kontakt zu der Person hat, für die das Slam gestartet wurde und es so gegebenenfalls, wenn es voll ist, an sie zurücksenden kann. Diese ICR-Möglichkeit (ICR heißt: I can return – ich kann zurücksenden) erspart den „Slam-Swappern" (so nennen sich Leute, die Slams tauschen, sie signieren und sie an andere weiterleiten) Porto – und gibt ihnen die Sicherheit, dass die kleinen bis großen Heftchen sicher an die Person gelangen, für die sie bestimmt sind.

Aber nun will ich zeigen, wie so ein extralanges Slam aussehen kann.

Seite 1:
Slam für Beate Kräuter-Schächtele, Am Rumsweg 10, D-74564 Crailsheim
Von: Sabine Maier-Haflinger, Max-Schmeling-Weg 48, D-67228 Darmstadt

Seite 2: hier tragen sich die Teilnehmer mit Namen und Adresse ein.
Hermine Saufhaus, An der Klobürste 14, D-84996 Bergkristall
Agathe Knie-Schlottner, In den alten Flüssen 8, D-10823 Maus
Rainer Rath, Verdistraße 19, D-28447 Krautsalat
Vera Koch-Alles, Vor der Wettervorhersage 15, D-39996 Verdacht
Hildegard Sonnenkalb, Blickkontaktstraße 1, D-48243 Bartdorf
Marie Dörnemann, Alleingegenallee 8, D-79890 Guter-Vogelsang

Und nun die Fragen und Antworten:

Magst du den Monat Januar?
Hermine Saufhaus: „Nicht so, ist zu kalt."
Agathe Knie-Schlottner: „Ich mag ihn auch nicht – gerade wegen der Kälte."
Rainer Rath: „Nicht wirklich."
Vera Koch-Alles: „Der Januar ist okay für mich."
Hildegard Sonnenkalb: „Der Januar geht so – es gibt schönere Monate im Jahr."

Bist du ein Winter- oder Sommermensch? Weshalb?
Hermine Saufhaus: „Ich bin ein Sommertyp, bevorzuge Wärme."
Agathe Knie-Schlottner: "Weder noch – ich bin ein Frühling- und Herbstmensch."
Rainer Rath: "Ich bin ein Sommermensch."
Vera Koch-Alles: "Ich mag beides und liebe die Winter hier in meinem Wohnort."
Hildegard Sonnenkalb: „Ich bin eher ein Sommermensch, weil ich die Wärme liebe."
Marie Dörnemann: „Auch ich bin eher ein Sommermensch."

Für wie intelligent hältst du dich?
Hermine Saufhaus: „Normal eben..."
Agathe Knie-Schlottner: „Auch für normal intelligent..."
Rainer Rath: Ich bin überdurchschnittlich intelligent – das wurde durch einen Test herausgefunden."
Vera Koch-Alles: „Ich bin eher durchschnittlich intelligent."
Hildegard Sonnenkalb: „Ich bin so intelligent, dass es fürs Leben aus-reicht."
Marie Dörnemann: „Ich halte mich für ziemlich intelligent."

Wie wichtig ist es dir, dass du dich täglich bewegst?
Hermine Saufhaus: „Es ist mir schon sehr wichtig, um nicht ein-zurosten."
Agathe Knie-Schlottner: „Normal wichtig."
Rainer Rath: „Sehr wichtig."
Vera Koch-Alles: „Sehr wichtig."
Hildegard Sonnenkalb: „Schon sehr wichtig, deswegen radle ich oft."
Marie Dörnemann: „Bewegung ist mir sehr wichtig."

Was magst du am Monat Februar?

Hermine Saufhaus: „Ich mag nichts Spezielles an diesem Monat."
Agathe Knie-Schlottner: „Da hat meine Mama Geburtstag."
Rainer Rath: „Ich mag den Fasching im Februar."
Vera Koch-Alles: „Der Februar ist so kurz."
Hildegard Sonnenkalb: „Ich mag am Februar, dass ich noch nicht unter der Hitze leiden muss."
Marie Dörnemann: „Ich mag, dass ich im Februar Geburtstag habe."

Hättest du den Mut, dich selbständig zu machen?
Hermine Saufhaus: „Eventuell – aber ich habe nicht das Geld! Und dann: wer will schon zwölf bis sechzehn Stunden täglich arbeiten?"
Agathe Knie-Schlottner: „Genau – ich stimme zu!"
Rainer Rath: „Nein."
Vera Koch-Alles: „Nein, ich habe kein Talent dazu."
Hildegard Sonnenkalb: „Ich hätte den Mut dazu schon, besitze aber kein Startkapital."
Marie Dörnemann: „Ich hatte den Mut schon, mich selbständig zu machen, aber es ist total schwer, als Selbständige Fuß zu fassen."

Beate trinkt gerne Senseo-Kaffee. Du auch?
Hermine Saufhaus: „Ich habe ihn noch nie probiert."
Agathe Knie-Schlottner: „Ja, vor allem French Vanille."
Rainer Rath: „Ja, auch mal."
Vera Koch-Alles: „Dieser Kaffee ist mir egal."
Hildegard Sonnenkalb: „Ich habe diesen Kaffee noch nie probiert."
Marie Dörnemann: „Ich trinke gerne mal eine Tasse."

Was wäre schlimmer für dich – taub oder blind zu sein?
Hermine Saufhaus: „Taub stelle ich mir grausamer vor."
Agathe Knie-Schlottner: „Beides ist schlimm."
Rainer Rath: „Beides wäre grausam."
Vera Koch-Alles: „Beides wäre schlimm für mich."
Hildegard Sonnenkalb: „Taub zu sein."
Marie Dörnemann: „Beides ist schlimm!"

Was macht im Monat März besonders Spaß?
Hermine Saufhaus: „Dass man wieder mehr nach draußen gehen kann, das Wetter bessert sich."
Agathe Knie-Schlottner: „Die ersten Blüten."
Rainer Rath: „Dass es wieder heller und freundlicher wird."

Vera Koch-Alles: „Dass da viele meiner Bekannten und Freunde Geburtstage feiern."

Hildegard Sonnenkalb: „Dass man spazieren gehen kann und Flohmärkte draußen stattfinden."

Marie Dörnemann: „Genau – man kann spazieren gehen! Und im März sollte allmählich der Frühling kommen – nicht nur auf dem Kalender!"

Was zeigt sich erst mit der Zeit?
Hermine Saufhaus: „Wie sich Investitionen auszahlen."

Agathe Knie-Schlottner: „Was einem liegt und was nicht."

Rainer Rath: „Ob eine Beziehung gut geht."

Vera Koch-Alles: „Ob es sinnvoll war, dass ich meinen Wohnort gewechselt habe."

Hildegard Sonnenkalb: „Wie man mit seiner Gesundheit umgeht und die Folgen davon sind."

Marie Dörnemann: „Wie sehr liebe Menschen, die gestorben sind, FEHLEN!"

Wie viel kostet zur Zeit a) Normalbenzin und b) Superbenzin?
Hermine Saufhaus: „Keine Ahnung, ich bin keine Autofahrerin."

Agathe Knie-Schlottner: „a) 1,31 Euro pro Liter, b) 1,38 Euro pro Liter."

Rainer Rath: „Ja, so viel kostet bei uns das Benzin auch."

Vera Koch-Alles: „Der Liter Normalbenzin kostet hier bei der Tankstelle am Supermarkt 1,20 Euro."

Hildegard Sonnenkalb: „Heute a) 1,36 Euro und b) 1,37 Euro."

Marie Dörnemann: „Gestern a) 1,44 Euro und b) 1,45 Euro."

Der April macht, was er will, oder? Du auch?
Hermine Saufhaus: „Gerne würde ich das tun, was ich will – wenn man mich nur lassen würde!"

Agathe Knie-Schlottner: „Das trifft für mich auch zu!"

Rainer Rath: „Für mich gilt das meistens!"

Vera Koch-Alles: „Für mich gilt das sowieso!"

Hildegard Sonnenkalb: „Der April macht schon das, was er will. Aber ich bin halbwegs diszipliniert."

Marie Dörnemann: „Es kommt drauf an."

Wer macht noch, was er will?
Hermine Saufhaus: „Viele Kinder."

Agathe Knie-Schlottner: „Mein Stiefvater."

Rainer Rath: „Viele.“
Vera Koch-Alles: „Ich oft.“
Hildegard Sonnenkalb: „Mein Sohn Friedhelm.“
Marie Dörnemann: „Viele Leute.“

Hältst du dich immer an die vorgegebenen Regeln?
Hermine Saufhaus: „Man muss es ja wohl, wenn man in der Gesellschaft klarkommen will.“
Agathe Knie-Schlottner: „Zum Teil schon.“
Rainer Rath: „Nicht immer.“
Vera Koch-Alles: „Nein.“
Hildegard Sonnenkalb: „Gewollte und bewusste Regelverletzungen gehören bei mir manchmal dazu.
Marie Dörnemann: „Ich versuche es.“

Mit welcher Art von Menschen kommst du nicht gut klar?
Hermine Saufhaus: „Mit Leuten, die nur herumprahlen, bei denen alles nichts taugt, was andere tun und haben.“
Agathe Knie-Schlottner: „Mit Leuten, die so aufbrausend sind.“
Rainer Rath: „Mit Streitvermeidern um jeden Preis. Mit denen, die es in Ordnung finden, wenn Unrecht und Straftaten heimlich, still und leise hintenrum und, ohne Aufsehen zu erregen, passieren. Und mit denjenigen, die solche Leute als böse Unruhestifter ansehen, die dieses heimliche Unrecht aufdecken und anprangern.“
Vera Koch-Alles: „Mit Leuten, die so pingelig sauber sind.“
Hildegard Sonnenkalb: „Mit launischen Personen.“
Marie Dörnemann: „Mit Leuten, die klatschen und tratschen und Informationen über andere hinter deren Rücken durch den Schmutz ziehen. Solche Leute nennt man im Schwäbischen ‚Tratschhägeles‘. Jemand, der in einer Bank arbeitet, zum Beispiel, hat sich als solcher Tratschhägele entpuppt. Er hat Informationen über mich ohne mein Einverständnis erhalten und diese Informationen hinter meinem Rücken missbrauchen lassen – unsere Familie hat ihr Konto bei dieser Bank kündigen müssen, weil wir durch diesen Informationsmissbrauch beleidigt wurden.
Weiterhin mag ich Leute nicht, die schlecht riechen. Die Frau des gerade genannten Mannes roch bisher am schlimmsten – sie beginnt immer regelrecht zu stinken, wenn sie tratscht und in Informationen über andere herumschmarotzt.“.

Wohin fliegen die Vögel?

Hermine Saufhaus: „Im Winter in den Süden."
Agathe Knie-Schlottner: „Nach Afrika."
Rainer Rath: „Nach Nordafrika."
Vera Koch-Alles: „Sie fliegen im Frühling hierher."
Hildegard Sonnenkalb: „Sie fliegen im Winter in den Süden."
Marie Dörnemann: „Dem stimme ich zu."

Was sollte man im Monat Mai unbedingt machen?
Hermine Saufhaus: „Man sollte mindestens ein Slamtreffen besuchen!"
Agathe Knie-Schlottner: „Ja, das ist eine gute Idee!"
Rainer Rath: „Den 1. Mai feiern."
Vera Koch-Alles: „Man sollte sich wieder verlieben!"
Hildegard Sonnenkalb: „Ja, man sollte zu Slamtreffen fahren!"
Marie Dörnemann: „Man sollte irgendwohin einige Tage in den Urlaub fahren."
Ich gehe morgen zu Ikea frühstücken. Und du?
Hermine Saufhaus: „Ich werde morgen ausschlafen und frühstücke daheim."
Agathe Knie-Schlottner: „Ich muss morgen zum Arzt gehen."
Rainer Rath: „Ich muss morgen arbeiten."
Vera Koch-Alles: „Ich gehe morgen zum Adventskaffee ins Gemeindehaus."
Hildegard Sonnenkalb. „Ich schlafe erst mal aus."
Marie Dörnemann: „Ich werde etwas im Haushalt erledigen."

Michael hat mir diesen Kalender, aus dem ich das Slam gebastelt habe, geschenkt. Warum eigentlich?
Hermine Saufhaus: „Er brauchte ihn nicht, und weiß, dass du, liebe Sabine, alles verbastelst."
Agathe Knie-Schlottner: „Damit du darin deine Termine einträgst."
Rainer Rath: „Er hatte zwei solcher Kalender."
Vera Koch-Alles: „Warum soll er dir keinen Kalender schenken?"
Hildegard Sonnenkalb: „Bevor der Kalender ins Altpapier wandert, wusste Michael, dass du, liebe Sabine, ein Slam daraus machst."
Marie Dörnemann: „Er weiß, dass du ein Slam daraus bastelst – und das ist für ihn in Ordnung."

Brauchst du eine Abkühlung?
Hermine Saufhaus: „Nein, momentan nicht."
Agathe Knie-Schlottner: „Nein, es ist kalt genug!"

Rainer Rath: „Nein, wirklich nicht! Es herrscht wunderschönes, eisiges Schneewetter. Ich bräuchte lieber einen heißen Grog..."
Vera Koch-Alles: „Ja, manchmal."
Hildegard Sonnenkalb: „Ja, oft."
Marie Dörnemann: „Nein, im Moment bräuchte ich eher Wärme und Zuwendung. Jemanden, der mich mal in den Arm nimmt..."

Wofür setzt du dich total ein?
Hermine Saufhaus: „Für das, was mir viel bedeutet."
Agathe Knie-Schlottner: „Für mich selbst."
Rainer Rath: „Für Liebe und Glück und für Menschen, denen Unrecht geschieht."
Vera Koch-Alles: „Für meine Zukunft."
Hildegard Sonnenkalb: „Für Umweltschutz, aber auch für mich, sonst wird man schnell ausgenutzt."
Marie Dörnemann: „Für meine Familie zum Beispiel."

Hast du deine Ernährung umgestellt oder solltest du das noch tun?
Hermine Saufhaus: „Nein, ich ernähre mich relativ gesund."
Agathe Knie-Schlottner: „Ich sollte es tun..."
Rainer Rath: „Ich ernähre mich seit Jahren ziemlich gesund und vollwertig."
Vera Koch-Alles: „Ich ernähre mich normal."
Hildegard Sonnenkalb: „Ich habe vor, meine Ernährung umzustellen."
Marie Dörnemann: „Ich sollte weniger kalorienreiche Kost essen."

Weshalb wäre eine Ernährungsumstellung für dich sinnvoll?
Hermine Saufhaus: „Ich weiß es nicht."
Agathe Knie-Schlottner: „Ich sollte abnehmen."
Rainer Rath: „Eine Umstellung wäre nicht sinnvoll, da ich mich ja dann ungesund ernähren müsste."
Vera Koch-Alles: „Ich müsste dringend abnehmen!"
Hildegard Sonnenkalb: „Ich sollte zehn Kilo abnehmen."
Marie Dörnemann: „Ich sollte auch abnehmen."

Im Juli ist es oft so schwül und heiß, magst du das?
Hermine Saufhaus: „Heiß ist okay, aber schwül ist ekelhaft."
Agathe Knie-Schlottner: „Nein, echt nicht!"
Rainer Rath: „Ich habe kein Problem damit."
Vera Koch-Alles: „Nein, nicht so."

Hildegard Sonnenkalb: „Ich hasse Hitze, ich muss dann so viel schwitzen."
Marie Dörnemann: „Nicht immer."

Wie kann man denn seine Ernährung sinnvoll umstellen?
Hermine Saufhaus: „FDH geht noch, aber viele Diäten nützen nichts oder schaden eher noch."
Agathe Knie-Schlottner: „Vollwertprodukte kaufen und essen."
Rainer Rath: „Vollwertprodukte essen, Müsli selber herstellen und kein fertiges Müsli kaufen. Obst, Gemüse und Nüsse sollten roh gegessen werden, wenig weißes Mehl und Zucker zu sich nehmen."
Vera Koch-Alles: „FDH machen, Vitamine essen."
Hildegard Sonnenkalb: „So, wie Rainer es vorschlägt – und mehr Milchprodukte essen, mehr Obst als bisher essen."
Marie Dörnemann: „Dem stimme ich zu."

Bist du immer für Veränderungen?
Hermine Saufhaus: „Nicht in jedem Fall."
Agathe Knie-Schlottner: „Nicht immer, aber oft."
Rainer Rath: „Immer nicht, nur für sinnvolle Veränderungen."
Vera Koch-Alles: „Ja, normal schon."
Hildegard Sonnenkalb: „Ich bin nur für sinnvolle Veränderungen."
Marie Dörnemann: „Ich auch."

Bist du ein spontaner Mensch?
Hermine Saufhaus: „Manchmal, es kommt auf die Situation an."
Agathe Knie-Schlottner: „Ab und zu schon."
Rainer Rath: „Eher ja."
Vera Koch-Alles: „Meistens schon."
Hildegard Sonnenkalb: „Nicht in jeder Situation."
Marie Dörnemann: „Nicht immer."

Benützt du feuchtes Toilettenpapier?
Hermine Saufhaus: „Nein, ich nehme die normalen Rollen."
Agathe Knie-Schlottner: „Nein."
Rainer Rath: „Nein."
Vera Koch-Alles: „Nein."
Hildegard Sonnenkalb: „Nein."
Marie Dörnemann: „Nein – verwendest du es?"

Welchen Reiz hat der August für dich?
Hermine Saufhaus: „Sommer, Sonne, Urlaub, Wärme..."
Agathe Knie-Schlottner: „Urlaub, lange Abende draußen...."
Rainer Rath: „Lange Sommernächte."
Vera Koch-Alles: „Grillpartynächte."
Hildegard Sonnenkalb: „Keinen außer mehr Helligkeit."
Marie Dörnemann: „Für mich hat er den Reiz, dass man da für ein paar Tage in den Urlaub fahren kann."

Deine Meinung zu Weight Watchers?
Hermine Saufhaus: „Ich habe mich damit noch nie beschäftigt."
Agathe Knie-Schlottner: „Eine gute Sache, aber teuer."
Rainer Rath: „Ist mir egal."
Vera Koch-Alles: „Ich halte nichts davon, mache lieber FDH."
Hildegard Sonnenkalb: „Ich habe mich noch nie damit beschäftigt."
Marie Dörnemann: „Eine gute Sache, aber zu teuer für mich."

Ach, ich finde Slamtreffen so toll. Du auch?
Hermine Saufhaus: „Na klar, diese Treffen sind super! Es macht Spaß, sich zu treffen!"
Agathe Knie-Schlottner: „Das finde ich auch!"
Rainer Rath: „Ja, ich finde Slamtreffen auch toll!"
Vera Koch-Alles: „Ich auch."
Hildegard Sonnenkalb: „Ich ebenfalls."
Marie Dörnemann: „Ich auch."

Ist es dir im November zu nasskalt?
Hermine Saufhaus: „Oftmals schon, ja."
Agathe Knie-Schlottner: „Die ersten Tage im letzten November waren schön, aber dann wurde es zu nass und zu kalt."
Rainer Rath: „Hier nicht. Hier liegt Schnee, die Sonne schien den ganzen Tag, es war einfach wunderschön."
Vera Koch-Alles: „Ja, meistens."
Hildegard Sonnenkalb: „Nein, es geht meistens."
Marie Dörnemann: „Ja, mir ist es meistens im November zu nass und zu kalt."

Was hat dich zuletzt geschockt?
Hermine Saufhaus: „Die verheerenden Folgen des Orkans in den USA – und dass das hübsche New Orleans nun kaputt ist."

Agathe Knie-Schlottner: „Mein Knie!"
Rainer Rath: „Die Erkenntnis, dass ich in einen gewissen Kreis von Leuten nicht hingehöre."
Vera Koch-Alles: So vieles....
Hildegard Sonnenkalb: „Immer neue Nachrichten darüber, dass kleine Kinder getötet wurden."
Marie Dörnemann: „Der Tod meiner lieben Schwester D. Seitdem ist ALLES anders...“

Was traust du dir selbst nicht zu?
Hermine Saufhaus: „Fallschirm- und Bungee-Springen."
Agathe Knie-Schlottner: „Ja, ebenso."
Rainer Rath: „Einiges."
Vera Koch-Alles: „Einiges."
Hildegard Sonnenkalb: „Alles, bei dem man sich auf unsicheres Terrain begibt."
Marie Dörnemann: „Ja, so geht es mir auch."

Ich mag die Adventszeit. Du auch?
Hermine Saufhaus: „Ja, klar – sie ist so schön gemütlich."
Agathe Knie-Schlottner: „Oh ja, in einer Woche ist der erste Advent!"
Rainer Rath: „Ja, in einem Monat ist Weihnachten."
Vera Koch-Alles: „Ja, sehr."
Hildegard Sonnenkalb: „Ich bin kein Fan davon."
Marie Dörnemann: „Ja, schon."

Warum nehmen viele Leute in der Advents-/Vorweihnachtszeit zu?
Hermine Saufhaus: „Sie essen zuviel Marzipan, Lebkuchen, Stollen, Süßes...“
Agathe Knie-Schlottner: „Durch den Lichtmangel werden viele Leute depressiv und essen mehr, vor allem Süßes."
Rainer Rath: „Weil es so viele gute Sachen zu naschen gibt."
Vera Koch-Alles: „Na, ist doch alles so lecker!"
Hildegard Sonnenkalb: „Sie naschen und hocken in überheizten Räumen."
Marie Dörncmann: „Dem stimme ich zu."

Wo gibt es überall Bakterien?
Hermine Saufhaus: „Überall eigentlich, auf Misthäufen gibt es wohl die meisten."

Agathe Knie-Schlottner: „Überall, besonders in Spüllappen."
Rainer Rath: „Überall."
Vera Koch-Alles: „Auf der Toilette."
Hildegard Sonnenkalb: „Überall."
Marie Dörnemann: „Überall."

War dir das Slam zu dick?
Hermine Saufhaus: „Nein, es war okay."
Agathe Knie-Schlottner: „Ich fand das Slam gut."
Rainer Rath: „Ich fand das Slam klasse."
Vera Koch-Alles: „Nein."
Hildegard Sonnenkalb: „Nein, das Slam war gut."
Marie Dörnemann: „Nein, wenn die Fragen so gut sind wie in diesem Slam, kann ein Slam nicht dick genug sein."

Grüße und Kommentare:
Hermine Saufhaus: „Bye, bye von Hermine!"
Agathe Knie-Schlottner: „Aloha – sagt Agathe!"
Rainer Rath: „Alles Liebe von Rainer."
Vera Koch-Alles: „Einen guten Rutsch ins neue Jahr wünscht Vera."
Hildegard Sonnenkalb: „Salve – sagt Hildegard."
Marie Dörnemann: „Viele Grüße von Marie."

Shanghai – der Innenhof eines Jadetempels   März 2007

Briefkontakte zu speziellen Themen

"Jeder Brief wird beantwortet, aber bitte keine Zuschriften von 'Knackis'" - solche Kontaktanzeigen findet man ebenfalls in Magazinen. "Knackis" sind Leute, die gerade eine Gefängnisstrafe abbüßen. Ich habe keine Vorurteile gegen sie. Mit einem Gefangenen aus Kanada stand ich sogar einige Jahre in Briefkontakt. Seine Nachrichten klangen abwechslungsreich. Leider schlief unser Briefwechsel ein.

Von einer Brieffreundin aus Frankreich erhielt ich die Adresse von Elsa aus Ulm. Genau wie ich leidet Elsa an der Hautkrankheit Neurodermitis, oder "endogenes Ekzem" genannt. Natürlich schreiben wir nicht die ganze Zeit über unsere Krankheit, baden uns in Selbstmitleid und tauschen nur neue Salbennamen aus. Nein - wir diskutieren vorwiegend über andere Themen. Aber etwas Erfahrungsaustausch ist natürlich immer nützlich.

Jeder kann Briefpartner mit gleichen Interessen oder Austausch von Erfahrungen - egal, welcher Art - finden. Je mehr Interessen man teilt, desto besser! So finden sich Koch- und Strickbegeisterte, Fußballfans oder Fans der "Kelly Family" und Fans von „Tokio Hotel", „Take That" oder anderen Popstars. Oder Puppensammler und Stickfreunde korrespondieren mit Gleichgesinnten.

Sogar über die Bibel tausche ich mit einigen Leuten Gedanken aus. Es gibt Leute, die Zeugnis abgeben über ihren Glauben in Briefen. Man sollte das allerdings natürlich nur im richtigen Moment tun (also, wenn man danach gefragt wird) und nicht versuchen, andere Leute mit Gewalt zu einer Religion zu bekehren. Zumindest sind Briefe ebenfalls ein gutes Mittel zur Weltmission.

Wie aus einem Briefkontakt eine Städtepartnerschaft entstand

Folgende Geschichte wurde mir in Crailsheim, einer Stadt in Baden-Württemberg (ich möchte an dieser Stelle besonders hervorheben, dass die Crailsheimer keine Schwaben und auch keine Badenser sind, sondern Hohenloher), erzählt:

Crailsheim wurde durch den Zweiten Weltkrieg zu 70 % - die Innenstadt sogar zu 90 % - zerstört. Die Stadt lag also zu großen Teilen in Schutt und Asche. Die Leute hatten fast nichts – kaum Essen und kaum Kleidung. Ein Mädchen schrieb das ihrer Brieffreundin in Worthington, USA. Diese Brieffreundin war so bewegt von der Lage in Crailsheim und erzählte ihrer Mutter davon. Die Mutter rief Freunde und Nachbarn auf, Crailsheim zu helfen. Die Freunde und Nachbarn erzählten von dieser Hilfsaktion anderen. Und so erreichten viele Care-Pakete Crailsheim und vielen Leuten in Crailsheim konnte so geholfen werden.

Aus dieser Hilfsaktion entstand eine Städtepartnerschaft. Die erste deutsche Städtepartnerschaft zu einer Stadt außerhalb Europas. Und diese Städtepartnerschaft besteht heute noch. Sie wird gepflegt durch Schüleraustausch, durch Treffen und weitere Aktivitäten – bis heute.

E-Mails, Internet-Foren und so genannte „Groups"

Was im vorgenannten Kapitel in Briefen möglich ist, gibt es natürlich auch im Internet. Da können Pferdeliebhaber über ihr Hobby reden, Kochbegeisterte tauschen Rezepte aus und ihre Erfahrungen mit Biokost. Auch Leute, die ein Problem haben – zum Beispiel ungewollte Kinderlosigkeit – finden im Internet Rat, Hilfe und neue Anregungen. Ich bin in diversen „Groups" – also Internet-Gemeinschaften, die sich mit Fragen rund um „FBs" und „Slams" befassen. Ich bin auch in einer Group, in der es ums Lesen geht, da ich gerne und viel lese. Weiterhin bin ich in einer Gruppe, in der wir über Filme und Fernsehserien reden.

E-Mails, die in solchen Groups verfasst werden, können von allen Mitgliedern gelesen werden.

Natürlich gibt es auch Gruppen, in denen vorwiegend Dinge – FBs, Deco-FBs, Slams und auch Bags, aber auch Dinge, die damit nichts zu tun haben – wie zum Beispiel Taschenbücher oder Briefpapier – getauscht werden. Auch kann man über solche Gruppen mit anderen Gruppenmitgliedern kommunizieren und findet auch so neue Brief- oder E-Mail-Kontakte, mit denen man auf privater Basis – per Brief oder per privater E-Mail – kommunizieren kann.

Solche Gruppen findet man zum Beispiel, in dem man einen Begriff, der mit dem jeweiligen Hobby zu tun hat, in eine Suchmaschine angibt. Ich bin über Brief- und E-Mail-Kontakte, von denen ich unterdessen einige persönlich kenne, zu solchen Groups gekommen. Diese Leute schickten mir Einladungen – also einen Link, den ich anklickte und in dem ich das Interesse für eine Mitgliedschaft kundtat.

Die Internet-Suchmaschine „Yahoo" beispielsweise bietet einige solcher Groups an – man hat hier auch die Möglichkeit, seine eigene Group zu gründen.

Hoffnungslos in Kiel

Rosemarie kündigte mir die Freundschaft wegen einer Lappalie. Wir waren neun Jahre lang unzertrennliche Brieffreunde, hatten uns aber noch nie getroffen.

Unter den Zuschriften auf meine Kontaktanzeige in einer Frauenzeitschrift im Sommer 1986 fand ich auch einen Brief von Rosemarie aus Kiel. Eine fröhliche, lebenslustige Frau, die gerade im Kindergarten arbeitete und sehr unter Stress stand.

Ihre Probleme vertieften sich, als sie zur Dauerarbeitslosen wurde. Sie bekam verschiedene Krankheiten und war plötzlich beruflichen Belastungen nicht mehr gewachsen. Trotzdem schrieb sie weiter. Das Schreiben half ihr, mit dem Leben fertig zu werden und trug sie durch viele depressive Momente. Es gab ihr das, was ihr ihre Familie nicht zu geben vermochte: Leute, die ihr zuhörten, Leute, die sie ernst nahmen, Leute, denen sie etwas bedeutete. Das Schreiben half ihr durch die Einsamkeit in einer unübersichtlichen, lärmenden Großstadt. In der Großstadt, in der sie sich verloren fühlte. Durch das Schreiben wurde sie zu einem menschlichen Wesen, was sie für ihren Freund nicht war. Durch das Schreiben erleichterte sie ihre Seele. Und sie lernte, ihre Probleme aus einem anderen Blickwinkel zu sehen - nämlich aus dem Blickwinkel der Person, der sie schriftlich ihre Probleme anvertraute. Das Schreiben erleichterte ihren oft so trostlosen Alltag.

Und deshalb schrieb sie weiter. Neun Jahre lang. Ich war ihre Freundin, ihre Stütze, eine gute Zuhörerin. Ich gab, was ich ihr geben konnte – meine Freundschaft, meine Zeit und vieles mehr, was man in Worte nicht fassen kann.

Eines der wertvollsten Dinge, die Rosemarie in ihrem Leben hatte, war ich, da ich stets versuchte, auf sie einzugehen. Neun Jahre lang war ich ihre Seelentrösterin und Ratgeberin, auch wenn sie meine Ratschläge selten beherzigte. Neun Jahre lang lebte ich fast mit ihr, weinte und lachte mit ihr und wurde in alle Schwierigkeiten und Probleme, die ständig auftauchten, eingeweiht.

Ihr schlimmstes Problem war ihr Freund Manfred-Chlodwig. Ein rücksichtsloser und brutaler Mensch, der nur nahm, was er bekommen konnte, aber nicht fähig war, Liebe zu geben. ihr Leben mit ihm war oft die Hölle. Zum Beispiel schlug er sie, stellte ihr ein Bein, dass sie sich sehr verletzte und später einen Arzt aufsuchen musste. Oder er zerstörte ihre Sachen - die Sachen, die für sie wertvoll waren, da sie nur von Sozialhilfe lebte.

"Verlasse ihn!", riet ich ihr. "Er zerstört dich und dein Leben!"
Aber sie harrte weiterhin bei ihm aus. Aus Angst vor dem Alleinsein. Ich bekam Angst um sie. Besonders, wenn ich lange Zeit keine Nachricht von ihr erhielt. Hatte Manfred-Chlodwig sie umgebracht? Nach Rosemaries Schilderungen musste dieser Mensch zu allem fähig sein!

Die Jahre vergingen, und Rosemaries Probleme nahmen nicht ab. Endlich jedoch fasste sie den Mut, ihren brutalen Freund zu verlassen.

Auf meine Sorgen und Probleme ging sie selten ein. Denn ständig drehte sie sich um sich selbst. Sogar ihre engsten Freunde hatte sie wegen Manfred-Chlodwig aufgegeben.

Rosemarie kündigte mir die Freundschaft im Mai 1995 wegen einer Lappalie. Einfach so warf sie mich weg. Der Grund war meine Australienreise.

"Du hast mich sehr enttäuscht", bemerkte sie in ihrem letzten Brief. "Du hast mir nicht schon vorher geschrieben, dass du in den Urlaub fliegst! So lasse ich mich nicht behandeln!"

Den einzigen Fehler, den ich gemacht hatte, war, ihr eine Karte aus Sydney zu schreiben. Rosemarie war nicht bereit, das Verständnis, das sie neun Jahre lang von mir bekommen hatte, ausnahmsweise auch mir einmal zu gewähren. Vor meinem Urlaub war mir keine Zeit zum Schreiben geblieben - aber das wollte sie nicht verstehen.

Ich hatte keine Lust mehr, um sie zu kämpfen. Viel Kraft und Energie hatte ich in diese Brieffreundschaft investiert - nur, um hinterher "ausrangiert" zu werden.

Briefkontakte - Türen zu einem besseren Leben?

Die merkwürdigsten Briefe erhielt ich bisher aus Afrika - zu 98 Prozent von Männern. Dabei wirkte nicht nur das schmuddelige Karopapier abstoßend oder die Handschrift. Nein, es war und ist die Menge der Briefe, die mich und viele andere Briefschreiberinnen aus der westlichen Welt stutzig machen. Afrikaner schreiben vorwiegend an Damen, besonders an unverheiratete.

Viele fühlen sich durch die Briefflut aus Afrika belästigt. Sie platzieren deswegen keine Kontaktanzeigen in Zeitschriften, die auch in Afrika Leser finden. Oder man schreibt klar und deutlich, dass man keine Zuschriften aus Afrika erhalten möchte.

Südafrika bildet eine Ausnahme. Aber hier scheinen die Leute noch westlicher orientiert zu sein, und Briefkontakte von dort sind sogar begehrt!

Keiner weiß so recht: Sind die Afrikaner sehr schreibfreudige Leute? Viele Damen aus den westlichen Ländern stecken einen Brief von Afrika ungelesen in den Papierkorb oder mit dem Vermerk "Annahme verweigert - zurück an Absender" in den nächsten Briefkasten.

Suchen diese Männer etwa Briefpartnerinnen aus dem Westen, um diese später heiraten zu können? Also ein "Freifahrschein" in ein Land mit besserer Lebensqualität? Manche Frau, die sich auf einen Briefwechsel mit einem Afrikaner einließ, musste diesen plötzlich abbrechen. Im Laufe der Freundschaft äußerte sich dieser auf einmal sehr anzüglich, legte seine Vorstellungen über eine Heirat dar. Und so fühlten sich die Frauen ausgetrickst - ihnen war der Briefwechsel vergällt.

Sicherlich gibt es Afrikaner, die einen ehrlichen Briefwechsel suchen - jedoch haben sie nur wenig Chancen. Viele ihrer Landsleute haben den Ruf von Afrikanern als Brieffreunde bereits ruiniert.

So mancher Bettelbrief flatterte schon in meinen Briefkasten. Ein Ghanaer schrieb:

"Kannst du mir bitte einen Kassettenrekorder und eine Kamera schicken?"

Ich verbiss mir den Kommentar: "Aber sicher doch - wenn du mir 500 Euro schickst!" und warf den Brief in den Papierkorb. Wer kann teuere Sachen nach Afrika schicken, wenn er sich selbst nicht einmal ein Auto leistet?

Herr G., Herausgeber eines Kontaktmagazins, wurde von Bettelbriefen aus der Dritten Welt förmlich überschwemmt. Er berichtete:

"Was diese Leute nicht alles haben wollen?! Von Stoff bis hin zu einer Kamera sollte ich schon alles nach Afrika schicken! Was glauben diese Leute denn, in welch einem Land wir leben??"

Eine interessante Begebenheit schilderte mir eine Freundin:

"Ich gab eine Kontaktanzeige für Briefpartner auf. Fünfzehn Briefe kamen allein aus Algerien - nur von Männern! Das schien mir nicht geheuer, aber mein Mann wollte zweien dieser Männer schreiben. Er bot ihnen seine Brieffreundschaft an, hörte aber nie wieder von ihnen. Offensichtlich waren diese Algerier nur an Briefwechsel mit Frauen interessiert."

Kontaktmagazine sind jahrelang in Afrika unterwegs, sie wandern durch viele Hände, bis sie total zerfleddert sind. Hände, die hoffnungsvoll nach diesem Tor zu einem besseren Leben greifen.

Viele Frauen und auch ich lassen eine persönlich anerzogene Vorsicht bei Briefen aus der Dritten Welt walten. Ich pflegte lange einen Briefwechsel mit drei netten Damen aus Algerien. Leider sind diese Briefwechsel alle „eingeschlafen" – oder vielleicht sind einige der Frauen, die mir damals schrieben, nicht mehr am Leben.

Jedoch ist es verdächtig, so viele Briefe von Männern aus afrikanischen Ländern zu bekommen. Als Frauen vertreten wir folgende Meinung: Wir wollen einen freundschaftlichen Briefwechsel - aber wir sind als Frauen keine Heiratsobjekte und keine Wohltätigkeitsinstitute!

Der Holländer, der Unterhosen tauschen wollte

Als ich mit Briefkontakten während meiner Ausbildung zur Industriekauffrau wieder begonnen hatte, erhielt ich eines Tages einen Brief von einem Holländer. Er war mindestens zehn Jahre älter als ich, hatte meine Adresse aus einem Briefkontaktmagazin bekommen.

„Hallo", schrieb er. „Ich bin ratlos. Wie komme ich zu Kontakten in deinem Land? Briefe schreibe ich sehr gerne, aber ich weiß nicht, wie ich es anfangen soll."

Heute – 2007 – hätte ich ihm geschrieben, dass über das Internet alles sehr einfach geht. Man gibt Schlagwörter, wie „Briefkontakte" oder „Brieffreunde", in eine Suchmaschine ein und wird Hinweise auf unzählige Webseiten bekommen, die Brief- und E-Mail-Kontakte vermitteln, und das meistens kostenlos. Natürlich gibt es auch Webseiten für Leute, die den Partner fürs Leben suchen – aber von diesen will ich jetzt gar nicht sprechen.

Damals 1986, als mir eben erwähnter Holländer schrieb, war alles noch ein bisschen rückständiger. Nun darf man mich nicht falsch verstehen. Ich liebe die 80-er-Jahre, ich liebe die Musik und die Zeit damals – irgendwie waren wir alle damals noch jünger, noch unbeschwerter. Aber viele segensreiche Dinge, die uns heutzutage das Leben erleichtern, gab es noch nicht. Das Internet zum Beispiel. Wer Kontakte suchte, musste sich an Briefkontaktmagazine wenden – und es war ziemlich mühsam, deren Adressen herauszufinden. Jedoch: hatte man eine Adresse gefunden und forderte ein Heft mit Kontaktanzeigen an, so fand man

Hof eines Jadetempels in Shanghai – März 2007

noch viele weitere Anbieter von solchen Kontaktzeitschriften mit Adressen von Schreibwütigen weltweit.

Dem Holländer empfahl ich die Kontaktzeitschrift von Otto G., für die ich seinerzeit oft übersetzte und Korrektur las.

Für mich war dann die Angelegenheit erledigt, ich ging meinem Alltag nach und begann, den Holländer zu vergessen.

Interessanterweise erhielt ich ein halbes Jahr nach dem ersten Brief einen weiteren Brief von diesem Mann aus Holland:

„Entschuldige, dass ich wieder störe. Aber ich dachte mir: könnten wir beide – du und ich – nicht miteinander in Briefwechsel treten? Ich bin 40 Jahre alt, kaufmännischer Angestellter. Eines meiner größten Hobbys ist: Unterhosen sammeln. Ja, das klingt etwas außergewöhnlich. Deshalb habe ich eine Bitte: könntest du mir im nächsten Brief eine Unterhose von dir mitschicken? Am besten eine getragene. Ich sammle Frauen-Unterhosen, ich liebe ihren Geruch – sicher, das ist ungewöhnlich, aber so bin ich nun mal...“

Angewidert legte ich den Brief auf die Seite. Es gibt sicherlich wenige Leute, für die das Sammeln von Unterhosen ganz normal ist – aber ich war so erzogen, dass ich damit meine Probleme habe und hatte. Ich antwortete dem Holländer, dass ich kein Interesse an einer Brieffreundschaft mehr hätte, weil ich einfach schon genug Neuzuschriften bekommen hätte.

Einige Jahre später sah ich eine Talkshow mit Jürgen von der Lippe im Fernsehen. Er hatte eine Frau zu Gast, die ihn am Ende des Gesprächs bat:

„Würden Sie mir eine Unterhose von sich mitgeben? Wissen Sie, ich sammle Männerunterhosen. Am besten getragene...."

Herr von der Lippe schaute ziemlich verdutzt. Auch für ihn war diese Bitte ungewöhnlich, und er hatte damit nicht gerechnet. Ob er dieser Frau eine seiner Unterhosen geschenkt hat, weiß ich nicht.

Aber mir ist während dieser Sendung wieder der Holländer eingefallen, der Unterhosen sammelte und sich 1986 bei mir meldete...

Hotel "Grand View Garden" in Peking

Reise nach China vom 11.03. bis 19.03.2007

China hatte mich immer schon interessiert. Bevor ich heiratete und 1999 meinen Sohn bekam, arbeitete ich in der Exportabteilung einer Maschinenbaufirma in C. Und dort betreute ich unter anderem den chinesischen Markt, verhandelte mit den Vertretungen in Peking, Shanghai und Hong Kong, organisierte den Versand von Maschinen nach China und schickte später auch Maschinenersatzteile zu den Kunden.

Mit einem schwerbehinderten Kind und als Hausfrau schien das Vorhaben, nach China zu reisen, erst einmal in unerreichbare Ferne gerückt zu sein – und jahrelang verfolgte ich dieses Ziel auch nicht mehr intensiv.

Nachdem jedoch im November 2005 meine Schwester Sieglinde im Alter von nur 42 Jahren an Krebs verstorben war und ich mit meinen beiden anderen Schwestern und meiner Mutter den Nachlass regelte, war auch nach all der Trauer und dem Stress wieder der Wunsch nach einem weiter entfernten Reiseziel laut geworden. Ja, solange ich lebte, wollte ich mir noch ein paar Wünsche erfüllen. Ich wollte nicht gehen von dieser Erde, ohne noch einige Länder besucht zu haben. Reiseerfahren war ich – China würde „mein" 27. Land sein, das ich besuchen wollte. Ein bisschen Ahnung hatte ich ja schon – im Jahre 1995 und 1996 hatte ich Hong Kong besucht – damals noch britische Kronkolonie, heute Sonderprovinz von China. Ein Ort, in den Chinesen nur mit einer besonderen Genehmigung einreisen dürfen.

In einem Reisekatalog eines christlichen Veranstalters hatte ich eine Reise nach Peking und Shanghai entdeckt – die allerdings schon vorbei war. Als dann als Beilage im Katalog des christlichen Buchclubs ein Angebot eines anderen Reiseveranstalters in meinen Briefkasten flatterte, begann ich, alles mit meinem Mann konkret zu planen. Er würde Urlaub nehmen während meiner Abwesenheit, unser Bad mit seinem Bruder (dieser ist Schreiner von Beruf) behindertengerecht umbauen und unseren Sohn für die Schule richten (unser Sohn Thomas besucht eine Behindertenschule). Es wäre gut, wenn ich während des Badumbaus weg sein würde, denn es könnte dreckig werden und laut und ungemütlich.

Ich buchte die Reise und freute mich schon darauf. Für China braucht man ein Visum. Man bekommt es auf zweierlei Art und Weise. Entweder reist man selbst zum Konsulat mit seinem Pass, bringt das entsprechende Geld mit, füllt Formulare aus und bekommt das Visum. Oder man wendet sich an die Visumzentrale. Der Reiseveranstalter, bei dem ich die Reise gebucht hatte, bot an, die Pässe und ausgefüllten Formulare der Teilnehmer bis Mitte Februar 2007 zu sammeln und dann alles an die Visumzentrale weiterzuleiten.

Das klappte auch ganz gut – wenige Wochen vor Reiseantritt hielt ich nicht nur meinen Pass mit Visum in der Hand, sondern auch meine Flugtickets.

Am 11. März 2007 flog ich mit Air China von Frankfurt nach Peking. Peking – die Stadt, in der 2008 die Sommerolympiade stattfinden wird. Vorher hatte ich mich gegen Hepatitis A/B impfen lassen, und mein Mann hatte mir eine Heparin-Spritze gegen Thrombose verpasst (ich hatte zuviel Angst, mir die Spritze selbst zu geben...). Die Wirkung einer Heparin-Spritze gegen Thrombose ist sicherer als Stützstrümpfe, so sagte mir mein Hausarzt. Stützstrümpfe können beim Sitzen Blutgefäße in der Kniebeuge abschnüren (wenn sie Falten werfen) – und das kann dann erst recht zu Thrombose führen.

Nach mehr als zehn Stunden Flug landete ich am 12.03.2007 in Peking (die Chinesen sagen "Beijing" dazu) - und fand auch meine Reisegruppe (wir waren insgesamt 15 Leute) und unsere deutschsprachige chinesische Reiseleiterin Frau L.

Wir sollten noch viele andere deutsche Touristen in China treffen – ich war wirklich erstaunt, wie beliebt China unterdessen als Reiseland geworden ist.

Wir wohnten in einem Vier-Sterne-Hotel in Peking und unternahmen von dort jeden Tag Ausflüge. Am Ankunftstag besuchten wir die Altstadt Pekings mit den "Hutongs" (alte Häuser) und auch die Straße Wan Fu Zing (Einkaufsstraße). Vom "Kohlenberg" hat man eine tolle Aussicht auf Peking.

Peking hat 13 Mio. Einwohner, die Stadt ist laut. Es gibt unterdessen viele Autos dort - und man fährt so, wie man will, so scheint es. Offensichtlich hat derjenige, der am schnellsten fährt und am lautesten hupt, Vorfahrt. Wer vor einer Fußgängerampel steht, die grün zeigt, sollte nicht unbedacht auf die Straße springen – sondern erst mal nach rechts und links schauen -, ob er jetzt auf die Straße gehen kann. Von rechts und links können sich nämlich Fahrräder nähern oder Kleinkrafträder – und wer hat im Ausland schon gerne einen Unfall?

Ich machte es so – wenn ich eine Straße überqueren wollte, wartete ich auf Chinesen, die dieselbe Straße überqueren wollten. Wenn sie gingen, dann ging ich auch – und achtete natürlich vorher auf Radfahrer und Kleinradfahrer.

In China sind sehr viele Leute mit dem Fahrrad unterwegs. Peking hat – trotz der 13 Millionen Einwohner – nur drei U-Bahn-Linien. Wie da nächstes Jahr der Transport der Sportler bei der Olympiade funktionieren soll, ist mir noch nicht klar. Andererseits sind die Chinesen sehr gut im Organisieren, und so wird man auch hier eine perfekte Lösung finden. In vielen Läden kann man unterdessen schon die Maskottchen der Olympiade kaufen – so genannte „Animes und Mangas" aus Stoff (Animes und Mangas sind asiatische Comicfiguren), schön groß, aufwändig verpackt. Mir gefallen diese Figuren nicht. Außerdem hätten sie nicht mehr in meinen Koffer gepasst. Die Chinesen verpacken alles, was sie verpacken sollen, wunderschön. Da gibt es hübsche Kartons mit Schleifen, wunderschöne Tragetüten für Mode- und Schmuckartikel – oder große Kartons mit Plastikfolie für diese Maskottchen.

An unserem ersten Tag in Peking besuchten wir auch eine Garküchenstraße. An vielen Ständen, die nebeneinander stehen, werden verschiedene kleine Gerichte gekocht und verkauft. Das Essen ist gut dort und wird auch regelmäßig von Behörden auf Hygiene untersucht.

Man kann dort viele kleine Gerichte kaufen, die wir aus China-Restaurants kennen – z.B. Bandnudeln mit Huhn oder Gemüse. Aber es gibt auch gegrillte Seidenraupen auf langen Holzstäben, eine Leckerei für die Chinesen – und andere Dinge, die wir nicht kennen. Aber das muss man akzeptieren. Wir kauften solche Gerichte nicht, und man setzte sie uns in China auch nicht vor (Bild unten: eines der Stadttore von Peking, Bild auf der nächsten Seite: Die Chinesen haben viele Fahrräder).

„Die Südchinesen essen Katzen und Hunde", erklärte uns unsere Reiseleiterin auf die Frage, ob denn immer noch viele Chinesen Katzen und Hunde äßen. „Und die Koreaner essen sie auch. Aber es sind Hunde und Katzen, die auf Farmen gezüchtet werden – die Chinesen essen nicht ihre Haustiere. Die sind wie Familienmitglieder!" Allerdings gibt es unterdessen auch in China einige Tierschutzorganisationen, die sich gegen den Verzehr von Katzen und Hunden einsetzen – bisher ganz erfolgreich.

Am 13.03.2007 besuchten wir den "Platz des himmlischen Friedens" und den Kaiserpalast mit der „Verbotenen Stadt". Diese Anlage ist sehr groß, sie besteht aus vielen Häusern/Palästen und Plätzen - man kann Stunden darin verbringen, und man muss viel laufen. Ein Besuch dort ist ein Muss, wenn man Peking bereist.

Die „Verbotene Stadt" heißt deswegen so, weil sie früher nur dem Kaiser, seinen Konkubinen und einigen hohen Beamten vorbehalten war.

Am Platz des Himmlischen Friedens sahen wir auch noch das Mao-Mausoleum und das Parlamentsgebäude für den Volkskongress - beides nur von außen. Das Parlament darf man nicht besichtigen, das Mao-Mausoleum lohnt sich nicht – so hörten wir. Da darf man das Grabmahl von Mao nur aus vielen Metern Entfernung ansehen.

Verbotene Stadt in Peking – März 2007

So genannte rote „Mao-Bibeln" konnte man überall kaufen – auch in englischer Sprache. Aber daran hatte ich kein Interesse.

Am Nachmittag des 13.03.2007 besichtigten wir noch den Himmelstempel. Man sagt, es sei das schönste Gebäude in China. Er schaut auch wirklich prachtvoll aus und besteht aus mehreren Gebäuden. Wer einen Kalender in die Finger bekommt, in dem eine Sehenswürdigkeit aus China abgebildet ist, wird mit großer Wahrscheinlichkeit auf den Himmelstempel treffen.

Abends dann besuchten wir eine Aufführung der Peking-Oper. In China hat jede größere Stadt eine Oper - es gibt z.B. auch eine Shanghai-Oper - aber die Peking-Oper ist die bekannteste. Es ist keine Oper, wie wir sie kennen – meiner Meinung nach ist es eine Kombination aus Lärm, hohem Gesang, Akrobatik und Comedy. Wir sahen einen Auszug aus der Oper "Die Pilgerreise nach dem Westen".

Wer uns immer nervte, waren Straßenhändler, die uns Postkarten, T-Shirts, falsche Rolex-Uhren und Taschen verkaufen wollten – wir ignorierten solche Händler oder sagten „no, no, we have no money" zu ihnen.

In China hat man auch keine Probleme, wenn man solche „Plagiate" besitzt, in Deutschland jedoch drohen Strafen, wenn solche nachgemachten Waren eingeführt werden.

Am 14.03.2007 besuchten wir die Chinesische Mauer in Bao-Lin und stiegen ein Stück hinauf. Der Abstieg war allerdings viel schwieriger, da die Stufen unterschiedliche Höhen haben. Ich hatte danach tagelang Muskelkater. Die Chinesen bauten diese „Große Mauer" einst als Schutzmauer. Sie trennte Nordchina von Südchina. Unterdessen haben sich die Grenzen allerdings verschoben – denn Nordchina und Südchina bilden ein Land – die Volksrepublik China. Die Tausende von Kilometer lange Mauer läuft also mitten durchs Land.

Nachmittags besuchten wir ein Grab eines Ming-Kaisers. Die Ming-Gräber wurden nach dem Feng-Shui-Prinzip angelegt. In den Ausstellungshallen des Grabs Chang sieht man Dinge, die den Herrschern der Ming-Dynastie ins Grab gelegt wurden sowie die Nachbildung von Kleidung, die die Kaiser damals trugen (Bild unten: Chinesische Mauer).

Am 15.03. besichtigten wir einen Lama-Tempel. Viele Chinesen sind Buddhisten, hier konnten wir viele Buddha-Figuren sehen, auch kahlgeschorene Mönche in orangefarbener Kluft, die in einem Kloster leben. Es gibt hier den höchsten Holz-Buddha der Welt.

Man kann sehr viel von den Chinesen lernen – wie sie ihren Glauben praktizieren. Da wird mit Hingabe gebetet, man kniet sich auf den Boden, senkt den Kopf und betet. Ich habe nicht viele Christen so beten sehen bisher in meinem Leben – und manchmal wünschte ich, viele, die sich „Christen" nennen, würden so inbrünstig beten – Christsein also vorleben, zeigen – zum Lobe Gottes.

Was die Chinesen hier machen, ist zum Lobe Buddhas.

Anschließend gingen wir zum Konfuzius-Tempel, allerdings wird dieser gerade renoviert. Hineingehen kann man noch nicht.

Konfuzius – so erzählte uns unsere Reiseleiterin - war ein chinesischer Philosoph, als Kind hässlich – deswegen setzten ihn seine Eltern in den Bergen aus. Nachdem er dort einige Tage überlebt hatte, waren sie erstaunt und holten ihn wieder nach Hause. Konfuzius entwickelte sich im Laufe der Jahre als Philosoph und bildete auch Schüler aus.

Nachmittags besuchten wir eine Firma, die Medikamente für chinesische Medizin herstellt. Dort wurden uns nach einem Fußbad die Füße massiert. Wer wollte, konnte auch gleich chinesische Medikamente gegen bestimmte Leiden kaufen. Ein chinesischer Arzt fühlt den Puls, schaut ins Gesicht und die Zunge an und dann stellt er seine Diagnose.

Anschließend besuchten wir den Sommerpalast, eine wunderschöne Parkanlage, in der man schön spazieren kann, mit vielen chinesischen Häusern und einem großen See (Kunming-See).

Abends dann nahmen wir an einem Pekingentenessen teil. Pekingente isst man - so sagt man - wenn man sich von Peking verabschiedet. Und so war es ja auch bei uns - wir flogen schon am nächsten Tag weiter nach Shanghai.

Von Peking bis Shanghai fliegt man zwei Stunden mit dem Flugzeug. Als wir am 16.03.2007 in Shanghai ankamen, empfing uns die Stadt mit Regen. Shanghai (17 Millionen Einwohner) – sieht westlicher aus als Peking. Es hat mehr Wolkenkratzer als Peking, wobei es in Peking unterdessen auch einige beeindruckende Wolkenkratzer gibt, z.B. im Bankenviertel.

In Shanghai – so sagt man - wird pro Tag ein Wolkenkratzer gebaut. So ganz stimmt das natürlich nicht, aber die Bautätigkeit in Shanghai geht trotzdem rasend schnell. Viele alte Häuser werden abgerissen, sie müssen Wolkenkratzern weichen – was nicht allen Leuten gefällt. Manche von ihnen gründen Initiativen gegen den Abriss solcher historischen Häuser.

Am Abend des 16.03. besuchten wir eine Akrobatik-Show. Solche sagenhaften Darbietungen hatte ich vorher noch nie live gesehen! Wir sahen Menschen, die sich bewegen konnten, als hätten sie Gummiknochen, so gelenkig waren sie. Ist das Körperbeherrschung oder viel, viel Training – oder vielleicht beides? Da jonglierten junge Männer mit Hüten, während sie turnten. Da turnten Männer und Frauen auf langen Vorhängen herum, eine Dame mit Tellern und Tassen auf dem Kopf fuhr mit einem Einrad herum, man jonglierte mit Tellern, die auf langen Stäben zum Rotieren gebracht wurden usw. Interessant waren auch vier Motorradfahrer, die in einer Netzkugel herumfuhren – und zwar so, dass es richtig harmonisch aussah, und sie stießen nie zusammen – einfach perfekt!

Anschließend unternahmen wir eine Stadtrundfahrt – Shanghai bei Nacht. Sehr interessant war der Spaziergang an der Straße „The Bund" entlang. Rechts sieht man da ältere Häuser im Kolonialstil, auf der anderen Seite über dem Fluss sieht man die bekannte Skyline Shanghais, die auf vielen Postkarten zu finden ist.

Am 17.03.2007 besuchten wir den Yu-Garten. Dort kann man noch viele ältere Häuser bestaunen, zum Beispiel auch ein Teehaus. Und der Garten ist eine Oase der Ruhe – wunderschön angelegt, mit kleinen Teichen und schönen Pflanzen drum herum.

Wenn man den Garten verlässt, befindet man sich in einer Fußgängerzone mit vielen Läden und Ständen. Natürlich blieben auch die Straßenhändler nicht aus, die uns ihre nachgemachten Taschen und Rolex-Uhren andrehen wollten. Wir hatten aber keine Zeit und kein Geld für sie – wir nahmen uns stattdessen etwas Zeit zum Bummeln in der Fußgängerzone.

Yu-Garten in Shanghai

Nachmittags besuchten wir einen Jadetempel mit vielen Buddhastatuen, bestickten Seidenbildern und aus Holz geschnitzten chinesischen geschichtlichen Kunstwerken.

Zum Abschluss fuhren wir mit dem Lift den Jinmao-Tower herauf. Dieser Wolkenkratzer hat 88 Stockwerke und ist noch das größte Gebäude Shanghais und auch Chinas. Noch... Denn das Gebäude, das den Jinmao-Tower ab 2008 überholen wird, ist schon nebenan im Bau – ein neues Finanzzentrum...

Von oben ist die Aussicht auf Shanghai atemberaubend – wobei viele Gebäude im Dunst und im Smog liegen (in Peking hat man dasselbe Problem mit Dunst und Smog, und wir haben einige Leute mit Mundschutz herumlaufen sehen).

Am 18.03.2007 schlenderten wir durch die so genannte „französische Konzession" (siehe Bild). Das ist eine Siedlung, die ursprünglich französisch war. Die Häuser schauen hübsch und klein aus, inmitten dem Meer von Wolkenkratzern, das Shanghai repräsentiert. Man hat diese französischen Häuser renoviert und aus ihnen nette Läden, Cafés und Restaurants gemacht. Es macht Spaß, in dieser Siedlung herumzugehen.

Vorher hatten wir eine Hafenrundfahrt unternommen. Sie dauerte fast eine Stunde. Es war ziemlich kühl draußen – so war es immer während unseres Aufenthalts in China. Die Temperaturen lagen meistens zwischen sechs und zwölf Grad, aber in Deutschland war es auch nicht wärmer.

Wir aßen zu Mittag in einer Gaststätte, die neben einer Seidenfabrik liegt (wir aßen jeden Tag zu Mittag irgendwo, wir saßen immer am runden Tisch und kosteten von verschiedenen Gerichten, die uns hingestellt wurden – deswegen war ich einige Zeit schärferes Essen gewöhnt, und vieles in Deutschland schmeckte mir wochenlang ziemlich fad). In der Seiden-Fabrik wurde uns erklärt, wie man aus Seidenraupen Seide gewinnt. Später konnten wir noch Seidenprodukte kaufen Sie waren nicht billig, aber sehr schön.

Am Nachmittag besuchten wir dann einen so genannten „Kinderpalast". Das ist eine Einrichtung, die wir als „Musikschule" oder „Freizeitschule" bezeichnen würden. Jedes chinesische Ehepaar, das will, dass sein Kind noch ein Instrument spielen lernt oder Ballett tanzen lernt oder chinesische Kalligraphie oder Malen oder anderes, schickt sein Kind am Wochenende in solch eine Einrichtung.

Ein Stress ist das für die sowieso schon gestressten chinesischen Schüler. Unsere Reiseleiterin in Peking erzählte uns, dass ihre Tochter so viele Hausaufgaben erledigen muss, dass sie vor Mitternacht nie ins Bett kommt. Kein Wunder, dass unterdessen 60 % aller Chinesen Brillenträger sind!

Und wenn ein Kind nur einmal eine schlechte Note in einem Fach schreibt, werden sofort die Eltern informiert und man wird zu einem Elterngespräch in die Schule zitiert.

Altstadt von Shanghai – März 2007

Tor beim Sommerpalast in Peking

Allerdings diskutiert die chinesische Regierung unterdessen, ob die Kinder nicht mehr Freizeit haben sollten – zum Beispiel zum Spielen. Ich habe einen entsprechenden Artikel in der Zeitung „China Today" gelesen, die ich im Flugzeug von Shanghai nach Frankfurt bekommen habe.

Garten bei der Verbotenen Stadt, Peking – März 2007

In der Altstadt von Shanghai

Zum Abschluss bummelten wir noch in der Fußgängerzone in Shanghai – in einer großen Einkaufsstraße, der Nanjing Lu. Dort gibt es viele Geschäfte mit teuren Waren, die Modemarken, die es bei uns in Deutschland gibt, gibt es in China auch. Auch dort sind sie teuer – und es gibt Leute, die sie sich leisten können.

Ich habe mir einige Postkarten und chinesische Musik dort gekauft.

Am 19.03.2007 hieß es Abschied nehmen. Mit dem Transrapid-Zug (den hat Deutschland an China verkauft) fuhren wir zum internationalen Flughafen Pu-Dong. Dort checkten wir ein. Um 12:55 Uhr hätte unser Flugzeug starten sollen – aber es bekam noch keine Erlaubnis. Ich denke, es liegt daran, dass in China einfach sehr viele Flugzeuge in der Luft herumfliegen. Es ist das drittgrößte Land der Erde, und um in China von einer Stadt in die nächste zu kommen, braucht man oft das Flugzeug.

Fast eine Stunde später konnten wir endlich starten – und landeten nach zwölf Stunden Flug in Frankfurt am Main – kurz vor 19 Uhr (China war uns während der Winterzeit – und das war auch die Zeit, in der ich reiste – sieben Stunden voraus).

Hochhäuser von Shanghai, wenn man vom Jinmao-Tower auf die Stadt schaut

Unser Bad ist unterdessen behindertengerecht umgebaut. Und daheim hat während meiner Abwesenheit alles funktioniert. Ich fühle mich wieder frisch.

Brieffreunde in China habe ich allerdings nicht gewonnen – das scheint schwer zu sein. Die Chinesen, die ich traf, sind nett, aber distanziert. Und zum Briefschreiben fehlte ihnen die Lust.

Kontakt mit einem australischen Tamagochi

Wesley Rugby traf ich bisher neun Male - mein absoluter Rekord. Dabei fing unsere Brieffreundschaft an wie viele andere: In einer australischen Kontaktzeitschrift inserierte ich mein Interesse an Brieffreundschaften und erhielt vier Zuschriften aus "Down-under".

Margaret aus Queensland schrieb mir anfangs sehr regelmäßig und sandte mir australische Souvenirs, wie T-Shirts, Plüschkoalas, Kissenbezüge und Untersetzer. Als sie 1993 von der Leiter stürzte und sich einen komplizierten Knochenbruch zuzog, wurden ihre Briefe seltener, und schließlich riss der Kontakt ganz ab.

Terry und Eileen aus Westaustralien interessierten sich ebenso für einen regen Briefkontakt - aus familiären Gründen verschwanden auch sie aus meinem Leben.

Die vierte Zuschrift erhielt ich von Wesley aus einem der zahlreichen Vororte der Millionenstadt Sydney im australischen Bundesstaat New South Wales. Einige Male schrieb er, bevor wir uns im November 1987 zum ersten Mal in meiner Heimatstadt Aalen trafen. Nie dachte ich, dass wir uns wiedertreffen würden. Ich sah einen blondgelockten bärtigen 30jährigen in einem schicken Schurwollanzug am Gmünder Torplatz, unserem vereinbarten Treffpunkt. Sah er dem Australier ohne Bart auf dem Foto, das ich in der Hand hielt, ähnlich? Ich wollte mich nicht blamieren und redete ihn erst einmal auf Deutsch an:

"Sind Sie Wesley Rugby?"

Er verstand seinen Namen und zeigte sich sichtlich erfreut, mich zu sehen. Wir setzten uns in ein Café und plauderten. Bei einem anschließenden Spaziergang durch die Innenstadt erklärte ich ihm einige Sehenswürdigkeiten. Besonders beeindruckt war Wesley von den Fachwerkhäusern, den "framework houses" - etwas, das es in Australien nicht gibt.

Mit unserem halbtägigen Treffen waren wir beide zufrieden. Wir sollten uns noch weitere Male sehen. Wesley nämlich ist ein leidenschaftlicher Globetrotter, und sein bevorzugtes Reisegebiet war Europa.

Unser zweites Treffen im Oktober 1989 dauerte immerhin eineinhalb Tage. Diesmal luden meine Eltern Wesley zum Kaffeetrinken ein und waren von ihm sehr beeindruckt. Am darauffolgenden Sonntag lernte ich Wesleys Vater kennen, einen rüstigen, vitalen, älteren Herrn. Er, Wesley und ich besichtigten Ellwangen, eine hübsche Kleinstadt, die in keinem Reiseführer steht, aber äußerst sehenswert ist.

Im November 1991 folgte ein dreitägiges Treffen in Crailsheim, der Stadt, in die ich 1990 gezogen war. Die Freundschaft zwischen Wesley und mir hatte sich vertieft. Irgendwie fühlten wir uns zueinander hingezogen. Und durch ihn hatte ich sehr viel über die Australier, ihre Ansichten und Lebensweise erfahren.

Diesmal zeigte ich Wesley und seinem Vater die wundervolle hohenlohisch-fränkische Gegend mit Städten, wie Dinkelsbühl, Rothenburg ob der Tauber und Schwäbisch Hall.

Bondi Beach in Australien

Bei unserem vierten Treffen im Oktober 1993 geschah schließlich, was ich nie wollte: es funkte zwischen Wesley und mir. Wir sprachen von Liebe und von einer festen Partnerschaft. Wenn wir für immer zusammenkommen wollten, war es dann nicht sinnvoll, dass ich mir selbst Australien einmal anschaute? Und so entstand die Idee, dass ich ihn doch einmal in Australien besuchen könne. Sicherlich war ich daran interessiert - doch konnte ich mir eine solche Reise überhaupt leisten?

Wesley jedoch beruhigte mich:
"Ich helfe dir, deinen Urlaub so angenehm und problemlos wie möglich zu gestalten."

So entstand mein "Australien-Projekt". Aus einer Idee entwickelte sich ein konkreter Plan. Im Dezember 1994 buchte ich einen Flug nach Sydney über Hong Kong. Außer Wesley plante ich, noch andere Briefkontakte zu besuchen - alle zum ersten Mal. Ich verschlang Reiseführer und Bücher zum Thema "Australien" und sah einen Diavortrag an. Die Planung der Reise begann, mir Spaß zu machen.

Am 17.05.1995 flog ich nach Sydney über Hong Kong - und landete in der australischen Olympiametropole am 19.05.1995 - nach mehr als zwanzig Stunden Flugzeit und über fünfzehn Stunden Aufenthalt in

Hong Kong. Wesley holte mich vom Flughafen in Sydney ab, und mein unvergesslicher Urlaub am anderen Ende der Welt begann.

Wesley hielt Wort - ich verbrachte tatsächliche eine schöne, sorglose Zeit. Er zeigte mir Sydney mit seiner gigantischen Hafenbrücke und dem faszinierenden Opernhaus, das älteste Stadtviertel "The Rocks" und noch vieles mehr. Sehr nützlich war es für mich, in australischen Familien zu leben. So bekam ich australisches Leben hautnah mit. Und für meine englischen Sprachkenntnisse gestaltete sich dieser Aufenthalt als unschätzbar wertvoll.

Opernhaus in Sydney

Wie ich geplant hatte, traf ich drei weitere Brieffreundinnen: Leonie führte mich durch ihr geräumiges Backsteinhaus, das wie ein Museum wirkte. Für Kylie war ich die erste ihrer Brieffeundinnen, die sie persönlich kennen lernen konnte. Sie zeigte mir einen schönen Park in ihrem Stadtteil. Leesa und ihr Ehemann Bob aus Orange schließlich fuhren mit mir in die eher amerikanisch anmutende australische Hauptstadt Canberra.

Wesley und ich wuchsen noch enger zusammen - und Pläne für ein gemeinsames Zusammenleben reiften. Ich sprach hervorragend englisch - sicher würde ich in Australien problemlos Fuß fassen. Jedoch machten uns nicht nur die Gesetze Australiens einen Strich durch die Rechnung. Um nach Australien einwandern zu können, hätte ich Wesley heiraten müssen. Dazu fehlte ihm allerdings der Mut und das Verantwortungsbewusstsein. Wesley hatte sich nach über 40 Jahren "Nesthockertum" zum Tamagochi und Macho entwickelt, dem jegliche Bindungsfähigkeit abhanden gekommen waren.

Stadtteil Balmain – Sydney – April 1995

Mein schöner Urlaub in Australien endete genau am 18. Mai 1995. Wesley versprach mir, sich um Einwanderungsmöglichkeiten für mich zu kümmern. Jedoch hielt er sein Versprechen nie. Ich jagte einem Traumbild hinterher - und merkte bei unserem siebten Treffen im Sommer 1996 in England, dass ich 3 1/2 Jahre Hoffnung für eine Liebe vergeudet hatte, die nicht realisierbar war. Wesley nahm ausdrücklich Abstand von unserer Verbindung und beendete sie. Beinahe brach für mich eine Welt zusammen, aber ich versuchte, es zu verkraften, dass Wesley und ich kein Liebespaar mehr waren.

Blick auf Lake Burrajorang, New South Wales – Mai 1995

Unterdessen bin ich verheiratet - mit einem deutschen Mann. Der Traum, einmal nach Australien auszuwandern, ist der Realität gewichen. Ich wohne immer noch in Deutschland. Wesley, der 1996 Schluss mit unserer Beziehung machte, jedoch noch auf eine Brieffreundschaft Wert legte, hat es nicht verkraftet, dass ich schließlich doch heiratete. Er hat mir die Freundschaft gekündigt.

Adressen und Webseiten von Briefkontaktmagazinen

Die typischen Briefkontaktmagazine in Heftchen-Form, mit denen ich viele Briefkontakte gefunden habe, gibt es kaum noch. Wer heutzutage Briefkontakte sucht, schaut ins Internet.

Astrid Johann bringt ein Kontaktmagazin heraus, das schon lange existiert. Details erfährt man unter folgender Adresse:

Astrid Johann
Fraunhoferstr. 7
D-51065 Köln
Deutschland

Astrid hat einen Briefkontaktclub für Mütter. In regelmäßigen Abständen bringt sie eine Kontaktzeitschrift heraus, in der Clubmitglieder über verschiedene Angelegenheiten und Fragen diskutieren können. Die Kosten hierfür sollten in einem Brief mit Rückporto erfragt werden.

www.goethe.de

Hier kommt man auf die Homepage des Goethe-Instituts. In Goethe-Instituten lernen jährlich viele junge Leute aus dem Ausland die deutsche Sprache. Da ist es natürlich selbstverständlich, dass viele von ihnen auch Briefkontakte suchen.

Auf dieser Homepage kann man Briefkontakte suchen oder auch eine eigene Suchanzeige aufgeben. Die Suchanzeige wird nach acht Wochen automatisch gelöscht.

Hafen in Sydney – Australien – mit Fähre, Juli 1997

Webseiten/Homepages von Briefkontaktmagazinen/Briefkontaktorganisationen

Die Briefkontaktheftchen sind am Aussterben - es ist für viele Kontaktmagazine einfacher, Webseiten zu erstellen. Einige, die über sich sagen, dass sie kostenlos sind, nenne ich hier. Getestet habe ich sie nicht. Man sollte Grundkenntnisse in der englischen Sprache haben, um mit diesen Webseiten zurecht zu kommen.

www.penpals.de

Auf dieser Seite findet man Briefkontakte weltweit. Man kann aber auch Kontakte aus der Nähe finden, mit denen man etwas unternehmen kann. Die Seite ist ein deutscher Sprache.

http://www.penpalworld.com/

Auf folgenden Seiten findet man Briefkontakte weltweit - man sollte nur ein bisschen Englisch beherrschen - schon kann es losgehen:

http://www.penpal-pinboard.de/

http://www.studentsoftheworld.info/menu_penpals.php

http://www.mylanguageexchange.com/penpals.asp

http://www.hipenpal.com/data/index.php?ln=de

https://penpals.phk.at/

http://de.penpal-gate.net/

http://christianpenpals.com/

http://www.anglik.net/penpals.htm

http://www.penpalgarden.com/

http://www.penpalhub.com/

www.europa-pages.com

Hier findet man Brief- und E-Mail-Kontakte aus Europa und kann auch
selbst eine Anzeige, dass man Briefkontakte sucht, platzieren.

www.mylanguageexchange.com

Auf dieser Homepage kann man Brief- und E-Mail-Kontakte in der
ganzen Welt suchen oder auch eine eigene Suchanzeige aufgeben.

www.penpalparty.com/country/Australia_penpals.html

Hier findet man Brief- und E-Mail-Kontakte nicht nur in Australien,
sondern in vielen weiteren Ländern der Erde.

www.mailfriends.com

Hier findet man Brief- und E-Mail-Kontakte in der ganzen Welt. Unter www.mailfriens.com/australian_Penpals findet man beispielsweise Brief und E-Mail-Kontakte in Australien.

www.penpalsanywhere.com

Hier findet man Brief- und E-Mail-Kontakte in der ganzen Welt.

www.penpalsnow.com

Hier findet man Brief- und E-Mail-Kontakte in der ganzen Welt.

www.sharedTalk.com

Hier kann man mit japanischen Brief- und E-Mail-Freunden chatten.

www.VeggieConnection.com

Hier findet man Brief- und E-Mail-Kontakte in der ganzen Welt, die Vegetarier sind.

www.Paltalk.com

Hier findet man Brief- und E-Mail-Kontakte in der ganzen Welt, mit denen man sich, wenn man ein Mikrofon hat, auch direkt unterhalten kann.

www.interpals.net

Hier findet man Brief- und E-Mail-Kontakte in der ganzen Welt, mit denen man sich, wenn man ein Mikrofon hat, auch direkt unterhalten kann.

www.single-kontaktanzeigen.org/brieffreundschaften

Hier findet man deutschsprachige Brief- und E-Mail-Kontakte.

http://www.single-kontaktanzeigen.org/brieffreundschaften/

Hier findet man deutschsprachige Brief- und E-Mail-Kontakte.

Dies ist nur eine kleine Auswahl von Briefkontakt-Homepages. Wer mehr Informationen will, sollte über eine Suchmaschine im Internet nach „penpals", „penfriends", „Brieffreunde", „Brieffreundschaften" und ähnlichen Begriffen suchen lassen.

Haftungsausschluss:
Die Inhalte dieses Buches sind sorgfältig recherchiert und erarbeitet worden. Dennoch kann weder die Autorin noch der Verlag für die Angaben in diesem Buch eine Haftung übernehmen.

Tor der Verbotenen Stadt in Peking

Windmühle in Greetsiel – Juni 2005